**Gebrauchsanweisung
für Washington**

Tom Buhrow
Sabine Stamer

Gebrauchsanweisung für Washington

Piper München Zürich

Mehr über unsere Autoren und Bücher:
www.piper.de

To all our friends in D. C.,
who helped make this wonderful city our second home

ISBN 978-3-492-27613-9
© Piper Verlag GmbH, München 2012
Karte: cartomedia, Karlsruhe
Satz: le-tex publishing services GmbH, Leipzig
FSC-Papier: Munken Premium von Arctic Paper
Munkedals AB, Schweden
Druck und Bindung: CPI – Clausen & Bosse, Leck
Printed in Germany

Inhalt

Diissii im Aufwind

Ode an die Stadt, die zehn Jahre lang unsere Heimat war

Washington D. C. ist staatstragend und rebellisch, ernst und leicht, ehrwürdig und funky, sicherheitsfanatisch und locker, historisch und futuristisch, kulturell und kultig, bieder und cool. Die Stadt hat seit ihrer Gründung die Aufgabe, Widersprüche in sich zu vereinen. Sie gehört zu den Nordstaaten ebenso wie zu den Südstaaten. Das merkt man schon am Wetter: tropisch heiß und feucht im Sommer, manchmal auch südlich milde Winter, nicht selten aber auch nördlich kalt mit Schneebergen und Glatteis. Washington ist aufregend und entspannend, eine Metropole mit ländlicher Idylle, politisches Hauptquartier mit exotischen Nischen. Es entwickelt und verändert sich seit Beginn der 1990er-Jahre in Riesensprüngen.

Deutsche Touristen stellen sich Washington oft ein bisschen vor wie die frühere deutsche Hauptstadt Bonn: etwas verschlafen und provinziell, viel trockene Politik, wenig pralles Leben. Wenn uns Freunde besuchten, so stellten sie am Ende ihres Aufenthaltes häufig fest: »Eigentlich sind wir nur euretwegen nach Washington gereist, aber nachdem wir die Stadt gesehen haben, wollen wir unbedingt wiederkommen.« Washington hatte schon immer mehr zu bieten als Büros, Politik und Business. Wir lieben diese Stadt, natürlich: Wir haben hier unsere Familie gegründet, unsere Töchter sind hier geboren, unsere kleinen – inzwischen großen – Amerikanerinnen.

Wir haben zehn wunderbare Jahre hier verbracht, eine andere Kultur kennengelernt, mit unserer deutschen und der europäischen so verwandt – und doch so anders. Wir haben Herausforderungen bestanden, zu Hause und auf Reisen, beruflich und privat. Wir haben viele neue Freunde gewonnen, alteingesessene Washingtonians und solche, die – wie wir – von Arbeit, Politik oder der Liebe für ein paar Jahre in die Stadt gespült wurden. Wir kennen nur wenige, die gerne gegangen sind. Natürlich nicht, denn Washington ist eine wunderbare Stadt: abwechslungsreich, quirlig hier und beschaulich dort.

Wir haben die reichen und die armen Viertel dieser Stadt kennengelernt, die Schulen und die Krankenhäuser, die ausgedehnten Parks und die bunten Märkte, die Restaurants und die Bars, die großen Einkaufszentren und die vielen Sehenswürdigkeiten, Galerien und Museen jeder Art. Wir sind durch den Dumbarton Oaks Park spaziert: im Frühling ein Meer von Tulpen, im Sommer Rosen, im Herbst Astern in üppiger Pracht. Über den Eastern Market sind wir gern gebummelt, haben die leckeren Spezialitäten unterschiedlichster Herkunft probiert. Die Ausstellungen in der Phillips Collection, einer privat geführten Galerie, waren immer einen Besuch wert, nicht nur wegen der phantastischen Bilder großer Impressionisten, sondern auch wegen der angenehm entspannten Atmosphäre. Man muss keine Kinder in Washington geboren oder länger dort gelebt haben, um diese Stadt zu lieben. Denn alles ist möglich in der Hauptstadt der Vereinigten Staaten! Sie hält für jeden etwas bereit. Viel Grün zum Joggen, Radeln oder Skaten, viel Wasser zum Bootfahren oder Angeln. Musikbegeisterte finden Jazzkeller, Blueskneipen oder Sinfoniekonzerte, ganz nach Belieben.

Verließen wir das ARD-Studio in Georgetown durch die Hintertür, landeten wir geradewegs in einer schmalen Gasse. Hier zwischen hupenden Lieferwagen, die sich gegenseitig blockierten, und überlaufenden Müllcontainern, die unappetitliche Gerüche verbreiteten, befand sich der Eingang der Blues Alley, eines berühmten Blues- und Jazzclubs mit großer Tradition. Geduldig warten die oft fein gekleideten Besucher in der düsteren Seitenstraße abends auf den Einlass. Verließen wir das Studio durch den Vordereingang in der M Street, konnten wir direkt in einen Bus einsteigen, der uns in zehn Minuten zum Kennedy Center brachte, wo von Opern über Sinfoniekonzerte bis zur Experimentalmusik jeden Abend etwas anderes geboten wird. Nicht nur Musikfans, auch Technik- oder Kunstliebhaber, politisch oder historisch Interessierte, alle finden reichhaltiges geistiges Futter in Museen, die zum großen Teil nicht einmal Eintritt fordern. Mit der Library of Congress ist in D. C. zum Beispiel die Bibliothek mit den meisten Büchern der Welt beheimatet: einunddreißig Millionen Druckwerke in vierhundertsiebzig Sprachen, darunter die Gutenberg-Bibel und − eher ein Kuriosum − Adolf Hitlers Sammlung vom Obersalzberg, obendrein Millionen von Handschriften, Fotos und Karten, das alles verteilt auf drei Gebäude, eins davon ein palastartiger Renaissancebau mit marmorner Eingangshalle.

Auch was das Kulinarische angeht, hat die Stadt einiges vorzuweisen. Es gibt wohl kaum eine Nation der Erde, die nicht mit wenigstens einem Restaurant vertreten wäre. Aus Europa kommend, sollte man sich vor allem der amerikanischen Küche zuwenden, sei es der althergebrachten südamerikanischen Kost, wie sie im Georgia Brown's serviert wird (die Clintons fühlten sich hier wohl), oder der New American Cuisine, modernen Menus mit multiethnischem Einschlag, wie sie zum Beispiel im Café Atlántico oder im Oval Room (von Condoleezza Rice bevorzugt) serviert werden. Die Politik sorgt nicht nur für viele graue Anzüge im Straßenbild Downtowns, sondern auch für ethnische Vielfalt auf allen Ebenen. Einrichtungen wie das Busboys and Poets befriedigen gleich rundherum alle Bedürfnisse auf einen Schlag: Es gibt Bücher, Lesungen und Diskussionen, CDs und Konzerte, obendrein Kaffee und was zu essen.

Die Amerikaner nennen ihre Hauptstadt nicht einfach Washington. Das würde nämlich zu zahlreichen Verwechslungen führen. Es gibt den Gründungsvater Washington, den Bundesstaat Washington im äußersten Nordwesten des Landes, mehrere Berge, Seen und Parks sowie mindestens fünfundzwanzig andere Städte in den USA, Kanada und England, die Washington heißen. Offensichtlich sind den Pionieren bei der Besiedelung des Landes auf die Schnelle nicht genügend Namen eingefallen. Deshalb ist es heute äußerst wichtig, den Städtenamen immer mit den Initialen für den jeweiligen Bundesstaat zu verbinden. D. C. für District of Columbia. Und so spricht man von der Hauptstadt gemeinhin: Diissii. Dann weiß jeder, was gemeint ist. Insider sagen zur Abwechslung auch: the District.

Die Washingtonians sind offen und höflich, immer bereit zu einem freundlichen Gespräch, obwohl sie, *always busy*, ständig unter Zeitdruck stehen. »How do you like D. C.?« ist eine der meistgestellten Fragen, kommt gleich

nach »How are you?« und »Where do you come from?«
Amerikaner sind Meister des Small Talks. Sie wissen schon
als Kinder, wie man ein Gespräch beginnt. Als Antwort
wird freilich keine ausgewogene Analyse erwartet. Es ist
einfach eine Einladung, etwas Freundliches zu sagen. Wer
die Frage zu ernst nimmt, ist schnell auf dem falschen
Gleis, denn vieles dreht sich schlicht darum, Gelegenheiten zu schaffen, nett zueinander zu sein. Ob man nun
auf die Frage nach dem Wohlbefinden ein überschwäng-
liches »Great! Wonderful! Couldn't be better!« parat hat,
ein verhaltenes »Just doing fine« oder gar mit einem »Han-
gin' in there …« andeutet, dass die Stimmung nicht auf
dem Höhepunkt ist – auf das Lächeln kommt es an und
darauf, dass man überhaupt etwas sagt. Dass man signali-
siert: Ich sehe dich, ich bin dir freundlich gesinnt. Es mag
nicht mein bester Tag sein, aber mit dir hat das schließlich nichts zu tun. Natürlich darf man, bei einer Freundin
oder einem guten Bekannten, auch durchaus mal von Sorgen und Ärger berichten und wird sicherlich auf Mitge-
fühl stoßen: »Oooh, that's too bad!« Doch wird das amerikanische Gegenüber eher früher als später eine Wende
zum Positiven finden, den Blick nach vorne richten oder
einfach zu einem anderen Thema übergehen.

So begann auch unsere Amerika-Zeit gleich auf dem
Flughafen in Washington / Dulles mit dem Austausch von
Nettigkeiten. Das war im Frühjahr 1994, lange vor den
Anschlägen des 11. September 2001, in den USA meist nur
kurz Nine Eleven genannt. »Was ist der Zweck Ihres Auf-
enthaltes?«, fragte die Dame von der Einwanderungsbe-
hörde und war mindestens ebenso begeistert wie wir, dass
Tom als Korrespondent für einen deutschen Fernsehsen-
der nach Washington versetzt wurde: »That is wonderful!«
Der Beamtin stand das Entzücken ins Gesicht geschrie-

ben. In Diissii zu leben – das muss ja wohl das Größte sein, das einem passieren kann. Heute sind die meisten Kontrolleure der Einwanderungsbehörde reservierter und vollauf damit beschäftigt, jedem Ausländer Fingerabdrücke und Fotos abzuverlangen. Nine Eleven hat das Leben hier sehr verändert. Fast ungehindert ließen sich früher jene bedeutungsvollen Orte besuchen, an denen weltpolitische Entscheidungen getroffen wurden. Einfach Geduld haben, anstehen und dann nach einer kurzen Taschenkontrolle durchs Weiße Haus oder das Pentagon zu streifen, das geht leider nicht mehr. Die Sicherheitsstandards wurden angehoben. Zum Glück hat sich aber die patriotische Bunkermentalität, die sich nach den Anschlägen zunächst breitmachte, weitgehend verflüchtigt.

Washington ist viergeteilt, ausgehend vom Kapitol. Wo der Mittelpunkt durch einen Stern im Boden markiert ist. Von hier aus trennt sich das Terrain in vier Quadranten: Nordwest (NW), Nordost (NE), Südwest (SW) und Südost (SE). Dabei bildet der Nordwesten den bedeutendsten Bezirk: Hier befinden sich die meisten Büros, Geschäfte und Sehenswürdigkeiten, Restaurants und Hotels, das Weiße Haus und die besseren Wohngegenden. Für Ortsfremde ist es nicht besonders schwierig, sich zurechtzufinden, denn die Stadtplaner haben einfach in regelmäßigen Abständen waagerechte und senkrechte Linien aufs Papier gebracht und dann – vielleicht damit es nicht allzu eintönig wirkt – ein paar dicke Diagonalen dazwischen gezogen. Die von Nord nach Süd verlaufenden Straßen wurden nummeriert (First, Second Street etc.), während die von Ost nach West gehenden nach dem Alphabet benannt sind (A Street, B Street etc.). Nur die Diagonalen (nach und nach auch ein paar andere Straßen) bekamen richtige

Namen. Auch hier mangelte es wohl in den Anfängen der Neuen Welt an bedeutenden Persönlichkeiten, die es verdient hätten, als Namensgeber zu fungieren. Ebenso wie es wichtig ist, einen Städtenamen mit dem entsprechenden Bundesstaat zu verbinden, muss man unbedingt dazu sagen, ob man die P Street, NW, oder die P Street, SE, meint. Dazwischen könnten nämlich ein Dutzend Kilometer oder gar mehr liegen. Einmal abgesehen davon, dass der Southeast mit Northwest so gut wie gar nichts gemeinsam hat außer Straßennamen. Aber dazu später mehr.

Im Mittelpunkt – und das gilt sowohl geografisch, als auch sozial und politisch – liegt die National Mall. Das ist nicht, um eventuellen Missverständnissen vorzubeugen, das zentrale nationale Einkaufszentrum.[1] Die Mall ist eine fünf Kilometer lange Rasenfläche, *sandwiched* (wie die Washingtonians das so praktisch ausdrücken) zwischen der Constitution und der Independence Avenue, flankiert von Museen und Denkmälern, belagert von Hotdog-Ständen und T-Shirt-Verkäufern. Die National Mall ist das Herz der Stadt, in gewissem Sinne sogar das Herz der Nation. Sie ist ein populäres Ziel für Stadtbesichtigungen und Schulausflüge ebenso wie für Lunch-Pausen, sie wird angesteuert von Touristen, Schulklassen und Demonstranten. Sie ist *das* Feld für Massenveranstaltungen.

Der wohl größte Andrang herrschte hier an einem sehr kalten Tag im Januar 2009. Eine riesige Menge strömte herbei, um der Amtseinführung des 44. Präsidenten, Barack Obama, beizuwohnen. So viele Menschen hatten sich niemals zuvor auf der National Mall versammelt. Mit der Parole »Yes, we can!« hatte zum ersten Mal ein Schwarzer den Wahlkampf gewonnen. Ein historisches Ereignis, dem zwischen achthundertfünfzigtausend und knapp zwei Millionen Menschen (so die Schätzungen) beiwohnen wollten. Fast ein halbes Jahrhundert zuvor hatte hier ein anderer Mann eine weltbekannte Rede gehalten: Martin Luther King, Führer der schwarzen Bürgerrechtsbewegung, verkündete zum Abschluss des March on Washington vor zweihundertfünfzigtausend Demonstrantinnen und Demonstranten zu Füßen des Lincoln Memorial: »I have a dream ...« Da war Barack Obama erst zwei Jahre alt. Nun ist mit ihm ein Teil dieses Traums von der Gleichberechtigung wahr geworden.

Auf der National Mall finden sich die politischen Kräfte der Nation, die etablierten und die protestierenden. Besucher gewinnen von hier aus den ersten Überblick über die fremde Stadt. Hier können sie sich treiben lassen, das Leben beobachten und dabei eine erste Ahnung davon bekommen, was Washington geprägt hat und heute ausmacht. Rund achthunderttausend erschienen 1995 zum Million Man March des umstrittenen Führers der Schwarzen-Organisation Nation of Islam, Louis Farrakhan, berühmt und berüchtigt für seine antisemitischen und sexistischen Sprüche. »Heute Morgen wissen eine Million schwarzer Frauen, wo sich ihre Männer befinden«, triumphierte eine Rednerin auf der Kundgebung. Na, wenn das kein Erfolg ist ...! Fünf Jahre später versammelte sich eine halbe Million Frauen am Muttertag mit der Forderung nach strengeren Waffengesetzen, um ihre Kinder zu schützen. 1996 bedeckten dreihunderttausend Homosexuelle den gesamten linken Flügel des Rasens mit einem riesigen Quilt, einem typisch amerikanischen Flickenteppich. Fünfhunderttausend demonstrierten 1971 gegen den Vietnamkrieg, hunderttausend verlangten 2005 den Rückzug aus dem Irak: »Bring them home!«, skandierten sie.

Das Lincoln Memorial, das hinter dorischen Säulen den 16. Präsidenten in einer Art griechischem Tempel präsentiert, markiert das westliche Ende der Mall. Am Fuße des weißen Marmorthrons bleibt einem nichts anderes übrig, als ehrfürchtig zu Abraham Lincoln hinaufzuschauen. Sicherlich zu Recht, ist ihm doch zu verdanken, dass er die Vereinigten Staaten zusammengehalten hat, womit der Grundstein zum Aufstieg zur Weltmacht gelegt wurde. Aus der Mitte der langen Rasenfläche ragt ein Obelisk, das Washington Monument; es erinnert an die Anfänge, den ersten Präsidenten George Washington. Das Erdbeben im August 2011 hat einen Riss in der Spitze verursacht und eine vorübergehende Schließung erforderlich gemacht. Normalerweise führt ein Fahrstuhl hoch hinauf zur Aussichtsplattform, die einen phantastischen Rundblick ermöglicht. Hinaufklettern darf man nicht. »Climbing the 897 steps is verboten…«, stand in einem amerikanischen Reiseführer. Verbieten, das gilt hier als typisch deutsche Tätigkeit, so typisch, dass das deutsche Wort »verboten« in die amerikanische Sprache eingegangen ist.

Am östlichen Ende der National Mall steht das Kapitol, überwacht von einem Hügel aus die Stadt. Hier wird der Wille des Volkes diskutiert und formuliert. Dieser honorigen Aufgabe zum Trotz lästern viele Washingtoner, es sehe aus wie eine Hochzeitstorte. Nichts darf in der amerikanischen Hauptstadt höher gebaut werden als das Kapitol, deshalb gibt es nur einen einzigen Wolkenkratzer, das Cairo Apartment Building in der Q Street in der Nähe des Dupont Circle. Mit seinen zwölf Stockwerken und fünfzig Metern Höhe scheint es für heutige Verhältnisse nicht gerade beeindruckend hoch. Als es 1894 erbaut wurde, erzielte es allerdings durchaus Wirkung, und zwar so nachdrücklich, dass der Kongress beschloss, die Höhe von Neubauten in der Stadt zu begrenzen. Hochhäuser gibt es daher nur in Rosslyn, am anderen Ufer des

Potomac, direkt gegenüber von Georgetown. Das gehört nämlich zu Virginia und nicht zum District of Columbia.

Nicht nur Wolkenkratzer sind in Washington »verboten«, sondern auch eine Menge anderer Dinge, das haben wir schnell gelernt. Viele denken, im Land der unbegrenzten Freiheit dürfe jeder machen, was er will. In mancher Beziehung ist das auch so: Sie können in Washington viel unkomplizierter als in einer deutschen Stadt die Arbeitsstelle oder gar den Beruf wechseln, ein Unternehmen gründen, Leute einstellen, wieder entlassen, ein Haus bauen oder abreißen.

Mit der Zeit allerdings machten wir aber die Erfahrung, dass das freizügige Amerika doch recht viele Verhaltensmaßregeln für uns parat hält. Für den Umgang miteinander gibt es recht klare Regeln. Man mäht seinen Rasen. Man drängelt nicht, und wenn man aus Versehen jemandem zu nahe kommt, sagt man unbedingt: »Excuse me!«, auch wenn man ihn gar nicht berührt. Man schaut sich an, man grüßt sich oft, auch ohne einander zu kennen. Man trinkt keinen Alkohol auf der Straße, raucht nicht in geschlossenen Räumen und beachtet den Dresscode. Der Unterschied ist nicht, dass die Liste der Verbote hier kürzer wäre als in einem anderen Land. Aber eins fällt auf: Fast immer wird freundlich darauf hingewiesen. Na gut, wir reden hier nicht von Polizisten, die gerade einen Verdächtigen aufs Pflaster nageln. Kommen Sie besser nicht auf die Idee, mit einem Gesetzeshüter zu diskutieren, so nach dem Motto: »Aber Herr Officer, ich müsste ganz dringend nach links, könnten Sie nicht eine Ausnahme machen?« Missachtung ihrer Anweisungen nehmen sie nicht mit Humor.

Die Stadt selbst ist eigentlich nicht groß, hat streng genommen nur rund sechshunderttausend Einwohner. Der Großraum Washington jedoch, der mehrere Landkreise der angrenzenden Staaten Maryland, Virginia und West Virginia umfasst, beherbergt wesentlich mehr: an die 5,5 Millionen Bewohner. Man spricht von der Washington Metropolitan Area, kurz Metro Area. Es ist der siebtgrößte Ballungsraum der Vereinigten Staaten. Wer ein engeres Gebiet bezeichnen, sich aber nicht an die offiziellen Grenzen des Distrikts halten möchte, sagt *inside the beltway*, womit das Terrain gemeint ist, das sich innerhalb der kreisförmigen Stadtautobahn befindet.

Wovon leben die Menschen hier? Sehr viele multinationale Unternehmen haben einen Sitz in der Gegend. Maryland gilt als Zentrum für Biotechnologie, Nord-Virginia als Hightech-Korridor. Auch die Rüstungsindustrie sucht die Nähe zur Hauptstadt. Im District of Columbia selbst ist die Bundesregierung der größte Arbeitgeber, gefolgt von Unternehmen, die auf verschiedenste Weise mit Regierung und Verwaltung verknüpft sind und dem politischen Apparat zuarbeiten. Auch der Tourismus ist ein wichtiger Faktor. Er schafft schätzungsweise sechsundsechzigtausend Arbeitsplätze in der Stadt.

Diissii hat sich aus vielen Gründen und in vielerlei Hinsicht in den letzten zwei Jahrzehnten sehr gewandelt. Nehmen wir als Beispiel Georgetown, ein sehr beliebtes und lebhaftes Viertel, mit charmanten *townhouses*, vielfältigen Restaurants und Boutiquen. Als wir 1994 dorthin zogen, standen auf den beiden Hauptstraßen, der Wisconsin Avenue und der M Street, viele Ladenlokale leer. Als wir sechs Jahre später wegzogen, war alles verpachtet und vermietet, der Boutiquenstrip auf der M Street zog sich mittlerweile bis hin zur Key Bridge. Bei unserer Rückkehr nach D. C. 2002 (nach einem knapp dreijährigen Intermezzo in Paris) war gar nicht daran zu denken, eine Wohnung oder ein Haus in Georgetown zu finden. Überhaupt war der Miet-

und Immobilienmarkt in den attraktiven Vierteln der Stadt wie leer gefegt, alles vergeben. Heute wiederum machen sich die Auswirkungen der Wirtschafts- und Finanzkrise bemerkbar. Wieder stehen Gewerbeflächen leer, Mieter werden gesucht, Hinweise kleben in den Schaufenstern: »For rent«. Das sündhaft teure Antiquitätengeschäft in der O Street / Ecke Wisconsin Avenue ist verschwunden, mit ihm der Laden, der Accessoires fürs überspannte Luxus-Hündchen anbot.

Doch insgesamt gesehen hat Washington der Wirtschafts- und Finanzkrise beispielhaft getrotzt. Die Arbeitslosenquote liegt unter dem amerikanischen Durchschnitt. Tatsächlich verzeichneten die Preise für Wohnimmobilien sogar einen leichten Anstieg, während ringsum in weiten Teilen des Landes der Immobilienmarkt zusammenbrach. Kommerzielle Liegenschaften mussten leichte Einbußen hinnehmen, blieben aber vom katastrophalen Abwärtstrend verschont. Dazu haben Regierungsprogramme beigetragen, aber vor allem ist es der Attraktivität der Stadt zu verdanken. Auf der Suche nach neuem Wohnraum erobern Berufseinsteiger und junge Familien pionierartig Viertel der Stadt, in die sich lange kein »anständiger« Bürger mehr getraut hat. Wo noch vor zehn Jahren Billigbier über vergitterte Verkaufstresen geschoben wurde, wird heute Latte macchiato serviert. Früher hätten wir unseren Freunden auf jeden Fall abgeraten, sich nach einem Besuch auf dem Eastern Market in der Umgebung umzuschauen. Zu gefährlich! Heute gibt es dort nette Cafés, im Sommer sitzen die Leute friedvoll und entspannt am Straßenrand. Das Viertel, Capitol Hill, hat sich zur beliebten Wohngegend für junge Familien entwickelt. Gefahrlos kann man Spaziergänge vorbei an hübsch restaurierten Häusern unternehmen und sich fühlen wie die Hauptfigur in einer kitschigen Novelle des Viktorianischen Zeitalters.

Die *gentrification*[2] erobert die Stadt in rasendem Tempo. Trotz diverser Gegenmaßnahmen vertreibt dieser Prozess die Alteingesessenen, die sozial Schwächeren. Aber er vertreibt auch die Drogendealer und Einbrecher, bringt Farbe an die Hauswände, fegt den Schmutz von den Straßen, sorgt für Geschäfte, Wohnraum und Arbeitsplätze. Mit anderen Worten: Diese Entwicklung möbelt Stadtteile auf, die bisher in Trostlosigkeit und ohne Perspektive vor sich hin gammelten.

D. C. befindet sich im Aufwind. Es ziehen deutlich mehr Leute in die Stadt hinein als hinaus. Zum ersten Mal seit den 1940er-Jahren wurde die Sechshunderttausend-Marke wieder überschritten. Die neuen Bewohner sind im Durchschnitt zahlungskräftiger als jene, die weggehen. In Statistiken, die Einkommen, Bildung oder Lebenserwartung beziffern, rangiert Washington immer ganz oben. Washington Metropolitan Area gilt als das wohlhabendste Gebiet der Vereinigten Staaten. Auch bei Umfragen zur Lebensqualität nimmt Diissii immer Spitzenpositionen ein. Die Washingtonians haben die höchste Lebenserwartung im ganzen Land, gut dreiundachtzig Jahre. Das trifft aber nur für die weißen Einwohner zu. Ein Afroamerikaner in D. C. kann hoffen, einundsiebzig Jahre zu werden. Seine durchschnittliche Lebenserwartung beträgt elf Jahre weniger und ist so niedrig wie nirgendwo sonst im Land. Was für ein Gegensatz! Sehr nachdenklich stimmt auch, dass die Stadt die höchste Kindersterblichkeit der Nation aufweist. Ebenso gibt es zu denken, dass das statistisch hohe Bildungslevel offensichtlich nicht zu Hause erworben wurde. Der Distrikt kämpft mit einer sehr hohen Zahl an Schulschwänzern und Schulabbrechern. Diese Probleme finden sich fast ausschließlich in der schwarzen Bevölkerung der Stadt. Wettgemacht wird das durch viele Neuankömmlinge mit abgeschlossener Berufsausbildung und akademischem Grad.

Die Amerikaner wettern gerne über »die da in D.C.«, die vom Volk abgehobenen Machthaber. Jeder Kandidat für ein politisches Amt in der Hauptstadt stellt sich als vom Politklüngel unverdorbener Außenseiter dar. Schon die Gründungsväter wollten keine feste Elite. Nur in der Weite des Landes manifestiert sich nach dieser Lesart der unverdorbene Volkswille. Wer zu lange in Washington bleibe, sei verdorben, heißt es schon lange. Dann aber, einmal gewählt, entscheiden sich die meisten Politiker heute für ein Leben in Washington, haben sie auch vorher noch so laut auf die Zentrale geschimpft. Selbst nach Ablauf der Amtszeit kehren nur wenige in ihre Heimat zurück. So schlecht lebt es sich offensichtlich nicht in Diissii!

Jedes Jahr ziehen fünfzehn Millionen amerikanische Touristen nach Washington wie an einen Wallfahrtsort, um ihre Hauptstadt zu studieren und zu bewundern. Sie wollen sehen, wo ihr Präsident residiert, das Parlament tagt, oder beobachten, wie im Bureau of Engraving and Printing US-Dollars gedruckt werden. Sie erweisen John F. Kennedy die Ehre an seinem Grab auf dem Arlington National Cemetery. Sie bewundern frühere Präsidenten in Stein gemeißelt rund um die National Mall. Einem einzigen Nichtpräsidenten wurde nun auch die Ehre zuteil, auf der Mall als Denkmal verewigt zu werden, dem Bürgerrechtler Martin Luther King jr. Die von dem chinesischen Bildhauer Lei Yixin entworfene Anlage aus Granit symbolisiert die Leitideen der Bürgerrechtsbewegung: Gerechtigkeit, Demokratie und Hoffnung. Mit einem eigenen Museum hat sich unlängst auch eine andere bedeutende Minderheit einen zentralen Platz in der Hauptstadt reserviert: Das National Museum of the American Indian zeigt die Geschichte der indianischen Ureinwohner in einem markanten, kurvenreichen Natursandsteinbau.

Die Amerikaner sind stolz auf die Wahrzeichen ihrer Nation. Aber sie lieben auch Besonderes und Futuristisches, und sie lassen sich gerne unterhalten. So findet sich in D. C. neben eher gravitätischen, staatstragenden Sehenswürdigkeiten auch eine ganze Reihe von ausgefallenen und vergnüglichen Einrichtungen. Die Tickets für den Flugsimulator im Air & Space Museum sind schon morgens ganz flugs ausverkauft. Die Dinosaurierhalle im National Museum of Natural History erfreut sich ebenso großer Beliebtheit wie der Insektenzoo dort. Das Newseum, ein gigantisches Medienhaus, gilt als das interaktivste Museum der Welt. Hier lässt sich ausprobieren, wie man sich selbst als Moderator oder Redakteur bewähren würde. Mehrere Hundert Zeitungen aus aller Welt schicken täglich ihre Titelseiten ans Newseum, wo sie jeden Tag aufs Neue gezeigt werden und verglichen werden können. In den Sommermonaten herrscht bei den rund hundertfünfzig Denkmälern und fünfzig Museen großer Andrang. Zu den Touristenzielen mit den längsten Warteschlangen gehört das Holocaust Memorial Museum, das mit sechsundzwanzigtausend authentischen Artefakten die Vernichtung der Juden durch die Nazis nachzeichnet. Geschichte zum Anfassen, sehr berührend, nicht leicht zu verkraften.

Diesen Sehenswürdigkeiten und dem immensen Interesse der Amerikaner an Washington D. C. steht die recht mickrige Zahl der internationalen Besucher gegenüber: nur rund anderthalb Millionen jährlich. Wer von weit her kommt und die USA bereist, gibt in der Regel anderen Städten und Regionen den Vorzug. Washington D. C. gehört nicht zu den Top-Reisezielen. Absolut zu Unrecht, finden wir! *D. C. is amazing, fabulous, outstanding, terrific, wonderful,* was alles nicht mehr und nicht weniger heißt als: *Diissii* ist super!

[1] *Mall* heißt ursprünglich Promenade, wird heute fast immer im Sinne von Einkaufszentrum oder Ladenpassage verwendet.

[2] Gentrifizierung beschreibt einen Prozess. Ein ursprünglich preiswertes, vielleicht sogar verelendetes Stadtviertel wird von Investoren und gut verdienenden Käufern / Mietern entdeckt. Gebäude werden saniert, der Wohnwert steigt, die Mieten auch. Die ursprünglichen Bewohner können sich das nicht mehr leisten und ziehen weg.

In der Wurstfabrik

Das politische D. C.

Das Weiße Haus ist nicht nur das Machtzentrum der westlichen Welt, es ist auch der begehrteste Hintergrund für Fernsehjournalisten aus aller Welt. Der Platz vor dem Wohnsitz des amerikanischen Präsidenten wird folglich jeden Tag von Korrespondenten und ihren Kamerateams heimgesucht. Wer alt genug ist, um die Korrespondenten Ruge, von Lojewski oder Pleitgen noch vor Augen zu haben, der wird bemerkt haben, dass sich über die Jahrzehnte die Ansicht des Weißen Hauses für die Zuschauer veränderte. Früher standen die Berichterstatter meistens an der Südseite. Das hatte mehrere Vorteile: Erstens hatten die Kollegen bei ihren Aufsagern die Sonne im Gesicht, die Kameraleute mussten sich nicht mit lästigem Gegenlicht herumschlagen. Zweitens war aus dieser Perspektive im Hintergrund die Herzkammer des Weißen Hauses zu sehen, das Oval Office des Präsidenten.

Aber dann verübte 1995 ein rechtsextremer Waffennarr einen Terroranschlag auf ein Regierungsgebäude in Oklahoma City. Tom fuhr zur Berichterstattung hin. Als er zurückkam, hatten sich die Arbeitsbedingungen am Weißen Haus geändert. Der Standort der Journalisten war auf die Nordseite verlagert worden. Deshalb sieht man heute in den Nachrichtensendungen den Haupteingang des Weißen Hauses hinter den Korrespondenten. Und auch dort gab es Hindernisse: Die Pennsylvania Avenue war kurzerhand für den Autoverkehr gesperrt worden. Das ging praktisch über Nacht. Die Bundesbehörden hatten es angeordnet, ohne die Stadt groß zu fragen, und so standen eines Morgens Blockaden auf der Straße.

Reporter haben kein Anrecht auf einen Platz vor dem Weißen Haus. Bei wichtigen Ereignissen wird es eng, dann wird die Suche nach dem Standort zum journalistischen Überlebenskampf. Amerikanische Kollegen verfügen in der Regel über einen »White House Pass«, eine Eintrittskarte ins Pressezentrum. Dort gibt es innen wie außen Anschlüsse für Strom und Übertragungsleitungen. Die Fernsehschaffenden geben ihre Kommentare also direkt vor dem Weißen Haus ab. Wie dicht sie sich dabei am Zentrum der Macht bewegen, erkennt man auf dem Bildschirm zwar nicht unbedingt, aber trotzdem ist es für sie sehr wichtig, nah dran zu sein, aus Prestigegründen und auch aus praktischen Überlegungen. Nach dem Aufsager kommen sie so schnell zurück ins Pressezentrum, um weiterzuarbeiten.

Korrespondenten aus dem Ausland haben es schwerer. Denn nach den Terroranschlägen vom 11. September 2001 ordnete der Geheimdienst eine neue Sicherheitsanalyse an. Die Experten schlugen die Hände über dem Kopf zusammen: Viel zu viele Journalisten aus aller Welt hätten Zugang zum Weißen Haus. Im Ernstfall sei dies ein inakzeptables Risiko. Die meisten ausländischen Kollegen verloren ihre Zugangsberechtigung. Sie müssen sich seither bei jedem Besuch umständlich und zeitraubend anmelden und abwarten, wie die Entscheidung ausfällt. Um das zu vermeiden, weichen sie häufig auf den angrenzenden Lafayette Park aus. Aber auch dort ist keineswegs garantiert, dass sie ungestört ihrer Arbeit nachgehen können. Mal lassen die Sicherheitskräfte sie gewähren, dann wiederum greifen sie ein und fordern die Teams auf, die Dreharbeit abzubrechen. Wer amerikanische Polizisten kennt, weiß, dass sie es nicht gewohnt sind, über ihre Anordnungen zu diskutieren. In der Regel läuft so ein Zusammentreffen zwar höflich, aber sehr eindeutig ab. Die Arbeit wird zusätzlich kompliziert, weil man es nicht mit *der* Polizei, sondern mit verschiedenen uniformierten Ordnungshütern zu tun hat. Mal sagt die lokale Polizei nichts, aber die Sicherheitskräfte des Weißen Hauses kommen und verscheuchen die Kamerateams. Ein andermal haben die vielleicht nichts gegen eine kurze Fernsehaufnahme, aber die Parkpolizei meldet Bedenken an. Grundsätzlich ist das Filmen zwar erlaubt, aber nicht, wenn die Kamera auf einem Stativ steht. Denn dann – so die dahinterstehende »Logik« – müsste man nämlich auch das Zelten im Park erlauben; ein Zelt ist schließlich auch eine Vorrichtung auf Stäben …

In ihrer Not richten viele Kollegen den Blick gen Himmel. Die Dächer umliegender Häuser sind für die Immobilienbesitzer Gold wert: Ob Industrie- und Handelskammer oder Hotel – sie vermieten ihre tolle Aussicht für gutes Geld an Fernsehanstalten aus aller Welt, während großer Ereignisse wie der Amtseinführung des Präsidenten zu Rekordpreisen; dann werden diese Orte zu Freilichtstudios.

Aber auch im Alltag suchen TV-Leute dort Zuflucht. Ein kurzer Besuch auf dem Dach kann mehrere Hundert

Dollar kosten. Auch das geht nicht spontan: Das Team muss sich anmelden; sämtliche Personalien werden an die Regierungsstellen weitergeleitet. Schließlich liegen direkt gegenüber auf dem Dach des Weißen Hauses die Scharfschützen des Präsidenten in Stellung. Und man will ja nicht, dass die nervös werden.

Viele Washingtonians sind auf irgendeine Weise mit der Politik verbunden. Wenn sie nicht Journalisten oder Politiker sind, dann arbeiten sie als Berater, Lobbyisten, Juristen oder Diplomaten. Und damit sind ausdrücklich auch Frauen gemeint, die zwar in Washington wie überall auf der Welt in den Zirkeln der Macht unterrepräsentiert sind, aber durchaus auf dem Vormarsch.

Downtown an einem Werktag wird bestimmt von dunklen Anzügen und Kostümen, hellblauen Hemden und weißen Blusen. Regierung, Abgeordnetenbüros und internationale Organisationen ziehen Heerscharen von Aktenkrämern und Paragraphenreitern an. Dies könnte die Stadt langweilig und gediegen machen, doch gibt es viele Faktoren, die das verhindern. Zum einen spürt selbst ein Kurzzeit-Besucher, dass hier nicht irgendeine nationale Regierung an ihren Gesetzen bastelt, sondern dass hier Politik im Weltmaßstab ausgedacht, diskutiert und gemanagt wird. In den grauen und blauen Anzügen stecken nicht selten die erfahrensten und intelligentesten Köpfe, deren Gedanken – dem konventionellen Outfit zum Trotz – auch ganz unkonventionelle Wege gehen, wenn es um die Zukunft Amerikas oder gar des Universums geht.

Zugegeben, eine Menge Therapeuten und Psychiater gibt es auch, mehr als in fast jeder anderen amerikanischen Stadt. Die müssen oft helfen, das Durcheinander in den genialen und gestressten Köpfen zu entwirren. Auf jeden

Fall sind es keineswegs nur Langweiler und grauhaarige Altgediente, die es nach D. C. zieht, weil sie das Schicksal der Menschheit mitbestimmen wollen. Es wimmelt in Washington von aktiven, motivierten jungen Leuten, die sich für eine gute Idee oder eine gute Karriere einsetzen.

Wenn Sie an der Union Station ein Taxi rufen, so haben Sie das keineswegs für sich allein gepachtet. Die Fahrer dürfen durchaus weitere Passagiere aufnehmen, vorausgesetzt, der Platz reicht und es geht in dieselbe Richtung.[1] Also kann es passieren, dass ein schüchterner junger Mann zusteigt, der sich – blass und hager von der vielen Büroluft – in die Ecke drückt, mit einer Mappe wichtiger Papiere unter dem Arm, die er persönlich von A nach B bringen soll. Vielleicht schlackert sein Anzug an ihm herum wie ein Erbstück vom großen Bruder, die Krawatte ist der letzte Schrei – von vor fünf Jahren –, und sein Polyesterhemd schlägt Funken, wenn er aussteigt. Das stört hier keinen, es geht nicht um Mode und Geschmack. Er kommt vielleicht aus Idaho, Kansas oder Connecticut, geht eigentlich noch zur Schule oder studiert und absolviert gerade ein Praktikum im Büro eines Abgeordneten oder einer bedeutenden Kanzlei. Dort darf er Botengänge erledigen, Akten sortieren, Kaffee holen oder Rede-Entwürfe schreiben, je nach Talent, Vorkenntnis und Vitamin B (B wie Beziehung).

Nicht selten werden die Nachwuchskräfte mit allem gleichzeitig beauftragt. Großes Geld verdienen sie dabei nicht, und auch die Freizeit ist beschränkt. Mit viel Geduld und Energie betrachten es die meisten als lohnende Investition in ihre berufliche Zukunft. Wer Glück hat, darf sich nach einer Weile zum Mitarbeiterstab zählen und erledigt ungefähr die gleichen Aufgaben für ein bisschen mehr Geld.

All die Youngsters, und seien sie auch noch so pflicht- und karrierebewusst, wollen abends natürlich eins: feiern und chillen. Wenn sie auch während des Tages streng darauf achten, nicht aus dem Rahmen zu fallen, abends soll dann schon mal die Post abgehen. Wo Nachfrage ist, wächst das Angebot. Dieser Grundsatz gilt nirgendwo so sehr wie in den USA. So tragen die vielen Büromäuse am Ende des Tages eine Menge dazu bei, dass Washington immer bunter und interessanter wird. Klassische Plätze für einen entspannt-gediegenen Absacker nach einem Tag voller Polittermine sind das Off The Record im Hay-Adams Hotel (wo man – wie der Name sagt – gern gesehen, aber nicht gern gehört werden will) und die Bar Round Robin im Willard InterContinental, die für sich beanspruchen kann, dass hier das Wort »Lobbyist« erfunden wurde und der beste Mint Julep, ein Bourbon-Pfefferminz-Cocktail, gemixt wird. Sehr viel moderner geht es im Shadow Room auf der K Street zu; hier kann der *young professional* seine Bestellung per SMS aufgeben. Einen umwerfenden Ausblick auf das Weiße Haus und die National Mall hat man im P. O. V., einer Lounge mit Terrasse. Wer etwas mehr Abstand zum Büroalltag braucht, fährt vielleicht in die U Street, in die Chi-Cha Lounge, nimmt hier einen Drink und ein Wasserpfeifchen. Am Wochenende geht es anschließend vielleicht in einen der schillernden Tanzpaläste, zum House und Hip-Hop mit Supersound in der U Street Music Hall zum Beispiel.

Auch auf andere, weniger rühmliche Weise hat das politische Washington seinen Anteil daran, dass es nie langweilig wird in dieser Stadt. Sexskandale sind das Salz in der Suppe, und wie bei einer guten Suppe kann man sich darauf verlassen, dass das Salz nicht vergessen wird. Den Skandal, der uns wohl am intensivsten und längsten beschäftigte, verursachte eine Praktikantin namens Monica Lewinsky. Sie beschäftigte nicht nur die Stadt oder die Nation, sondern die ganze Welt mit so bewegenden Fragen wie: Was kann ein Präsident alles anstellen mit seiner Zigarre? Wie kommt ein Fleck ins Kleid und wie wieder raus? Wo fängt Sex an, wo hört er auf? Die närrische Debatte war nur unter Berücksichtigung gewisser amerikanischer Grundanschauungen zu verstehen. Schon bevor Bill Clinton versuchte, die Weltöffentlichkeit davon zu überzeugen, dass Oralsex kein Sex sei, waren laut Kinsey Institute fast zwei Drittel aller Studentinnen und Studenten der Meinung, Oralverkehr sei nicht als sexuelle Handlung einzuordnen.

In der Annahme, dass es sich hierbei um eine harmlose Freizeitbeschäftigung wie Radfahren und Basketballspielen handelt, ist Oralverkehr seit den frühen 1990er-Jahren zu einer populären Beschäftigung unter Jugendlichen geworden. Das beobachteten Lehrer wie Schulpsychologen. »In meiner Schule ist es Konsens, dass Oralsex Mädchen populär macht, während Geschlechtsverkehr sie zu Außenseitern stempeln würde«, zitierte die Tageszeitung *USA Today* (16. November 2000) eine Fünfzehnjährige im Rahmen der ausufernden Berichterstattung über die Affäre. »Die Grundhaltung ist, dass man oralen Sex haben kann ohne eine emotionale Bindung. Es ist etwas, das auf einer Party passiert, worüber es Geraune unter Freunden gibt und das eine Woche später vergessen ist.« Die Verteidigungslinie des gelernten Juristen Clinton entbehrte also nicht einer gewissen Grundlage.

Über Monate gab es in Washington kein anderes »politisches« Thema, immerhin eins mit hohem Unterhaltungswert. »Bedenken Sie, es ist noch heller Nachmittag, Kinder könnten zuhören«, ermahnte CBS-Moderator Dan Rather einen Korrespondenten vor dem Weißen Haus. Andere Moderatoren hielten ihre Zuschauer dazu an, Minderjährige aus dem Zimmer zu schicken, bevor sie sich genüsslich in scheinheiliger Anständigkeit suhlten und die neuesten Details ausbreiteten. Manche waren auch um empfindliche Erwachsenenseelen besorgt: »Achtung, Sie könnten sich durch die folgenden Nachrichten verletzt fühlen!«

Das war beileibe nicht der erste (und mit Sicherheit nicht der letzte) Sexskandal, der die amerikanische Hauptstadt in Atem hielt. Schon Thomas Jefferson hatte ein Verhältnis, und zwar ausgerechnet mit einer Sklavin. Der siebte Präsident der USA, Andrew Jackson, hatte gar ein Duell hinter sich, bevor er gewählt wurde. Er tötete dabei den Widersacher, der ihm Ehebruch vorwarf, und fing sich selber eine Kugel ein, die so dicht am Herzen landete, dass sie nie herausoperiert werden konnte. Die Affäre spielte eine große Rolle im Wahlkampf, aber Jackson war sehr populär, nicht zuletzt, weil er aus einfachen Verhältnissen stammte.

Rund ein Jahrhundert später versteckte sich Präsident Warren G. Harding mit seiner wesentlich jüngeren Geliebten im Besenschrank des Weißen Hauses, um nicht von Mrs. Harding erwischt zu werden. Er zeugte ebenso ein uneheliches Kind wie vor ihm der demokratische Präsident Grover Cleveland, was die Republikaner zu einem Wahlkampfvers inspirierte: »Ma, Ma, where's my Pa? Gone to the White House, ha, ha, ha!« Aber der Hohn wirkte nicht wie gewünscht, denn die Wähler rechneten Cleveland hoch an, dass er sich offen zu seinem illegitimen Spross bekannte, und gaben ihm noch mal ihre Stimme.

Übrigens wollten die meisten Amerikaner auch Bill Clinton als Präsident behalten, trotz der Affäre mit einer Untergebenen und obwohl Sonderermittler Kenneth Starr alles daransetzte, ihn zu Fall zu bringen. Umfragen zeigten das wiederholt. Ganz so unerbittlich verklemmt, wie man es gerne darstellt, sind Amerikaner offenbar nicht. Jedenfalls nicht alle. Auch die Präsidenten Franklin D. Roosevelt und John F. Kennedy waren als Schürzenjäger bekannt – und durchaus beliebt.

Erwähnt werden muss in diesem Zusammenhang unbedingt, dass auch einige Abgeordnete hinter ihren Präsidenten nicht zurückstehen möchten. Der fünfundsechzigjährige Abgeordnete Wilbur Mills raste mit einer Stripperin, die unter dem »Künstlernamen« Argentine Firecracker bekannt war, in eine Geschwindigkeitskontrolle. Argentine hatte keine Lust auf eine Begegnung mit der Polizei, sprang aus dem Wagen hinein ins Tidal Basin, einen künstlichen See mitten in der Stadt. Zum Glück für die amüsierte Öffentlichkeit (und zum Schaden für Mills' Karriere) war zufällig ein TV-Kameramann vor Ort und filmte den Spaß. Stellen Sie sich das mal vor, wenn Sie unter den blühenden Kirschbäumen in allzu melancholische Stimmung geraten sollten!

Und auch gegen übertrieben große Ehrfurcht vor dem imposanten Kapitol gibt es eine Geschichte als Gegenmittel: John Jenrette war ein unbekannter Kongressabgeordneter, bis er sich in einen Bestechungsskandal verwickeln ließ und auch seine Ex-Frau gegen sich aufbrachte. Die enthüllte dann nämlich im *Playboy*, wie die beiden sich während langweiliger nächtlicher Kongresssitzungen zu einem Quickie auf die heiligen Marmorstufen zurückzogen. Na gut, das war alles schon in den 1970er-Jahren, heute sind Politiker vorsichtiger – aber nicht weniger lüstern. Der zweiundfünfzigjährige Senator Marc Foley trat 2006 zurück, als herauskam, dass er sich gerne an junge Praktikanten heranmachte, zum Beispiel mit anzüglichen

SMS wie: »Mache ich dich wenigstens ein bisschen an?« Zwei Jahre später enthüllte ein Untersuchungsbericht, dass mehr als ein Dutzend Mitarbeiter des Innenministeriums sich mit Angestellten der Ölindustrie sexuell vergnügten, Gelage mit Alkohol und Drogen feierten und Berge von Geschenken entgegennahmen. Die Ölindustrie hatte sich an die Richtigen gewandt, denn die Mitarbeiter waren im Mineralien-Management tätig, zuständig für die Erteilung von Lizenzen zum Ölbohren auf bundeseigenem Boden und für die Verwaltung und Vermarktung von Öl- und Gaslieferungen.

Nicht, dass noch jemand denkt, wir hätten Spaß daran, im Sündenpfuhl zu wühlen. Nach all diesen schamlosen Geschichten ist man fast froh, dass D.C. auch jede Menge sauberer Skandale zu liefern hat, bei denen es einfach um Macht und Geld geht. Den »Urskandal« Watergate, zum Beispiel, einer der spannendsten Politkrimis der Vereinigten Staaten. Fünf Einbrecher wurden 1972 erwischt, als sie versuchten, Abhörwanzen im Hauptquartier der Demokratischen Partei zu installieren und wichtige Dokumente zu fotografieren. Die Auftraggeber waren enge Berater des damaligen republikanischen Präsidenten Richard Nixon. Nixon trat infolge dieser Affäre zurück. Watergate wurde zum Namensgeber für viele folgende Skandale: Irangate, Monicagate bis hin zum Waterkantgate, womit der ungeklärte Tod des norddeutschen Politikers Uwe Barschel gemeint ist. Wenn Sie mehr wissen wollen, dann buchen Sie doch eine Scandal Bus Tour, die von der geistreichen Comedy-Truppe »Gross National Product« organisiert wird und fast zwanzig skandalumwitterte Sehenswürdigkeiten anfährt.

Ob auf dieser oder anderen Touren, Washingtons Sehenswürdigkeiten sind zum großen Teil von politischer Bedeutung, sie sind oft Symbole der Macht. Prächtige Regierungsgebäude, Kriegsmonumente und Präsidenten-Denkmäler, alle sehr unterschiedlich im Charakter. Das Denkmal für George Washington – wie ein ägyptischer Obelisk. Thomas Jefferson – im Mausoleum untergebracht, wunderhübsch beleuchtet bei Nacht. Abraham Lincoln – inthronisiert wie ein Kaiser, allerdings in eher unmajestätischer, lockerer Haltung und mit strubbeligem Haarschopf statt Krone. Franklin D. Roosevelt, das jüngste Präsidenten-Monument – ein Abriss von zwölf Jahren US-amerikanischer Geschichte, beschaulich, fast intellektuell, gleichzeitig sinnlich, sehr behindertengerecht, mit ertastbarer Brailleschrift und seit 2001 einem zusätzlichen »Sitzbild« von Roosevelt im Rollstuhl, für das Behinderte innerhalb von nur zwei Jahren 1,65 Millionen Dollar sammelten. Die ursprüngliche Statue zeigt zwar Roosevelts Hund Fala, doch der Rollstuhl, auf den er die meiste Zeit seines Lebens angewiesen war, bleibt verschämt von einem großen Umhang verdeckt.

Auch die Kriegsdenkmäler sind sehr unterschiedlich. Das Vietnam Veterans Memorial aus dem Jahr 1982 gehört zu den meistbesuchten Stätten Washingtons. In der polierten, spiegelnden Granitwand finden sich die Namen von mehr als achtundfünfzigtausend Amerikanern, die im Vietnamkrieg starben, eingraviert, von der Mitte ausgehend chronologisch in der Reihenfolge ihres Todesjahres, der Infanterist neben dem Offizier, Dienstgrade bleiben unberücksichtigt. Ein gigantischer, schwarzer Grabstein, im starken Kontrast zu all den umliegenden weißen Monumenten und hellen Gebäuden. Unter den Besuchern sind viele Hinterbliebene, die nicht selten persönliche Nachrichten hinterlassen: ein Familienfoto, einen handgeschriebenen Brief, einen Ehering... Der Entwurf zum Denkmal stammt von der damals einundzwanzigjährigen Architekturstudentin Maya Lin und war recht umstritten. Viele Veteranen sahen darin eine »klaffende Wunde der Schande«. Am Ende setzten sie ein zusätzliches Standbild durch, das drei Soldaten zeigt, als würden sie gerade durch den Dschungel streifen, einen Schwarzen, einen Weißen und einen Latino. Da nun wieder keine Frau dabei war, obwohl zweihundertfünfundsechzigtausend Frauen freiwillig in Vietnam gedient hatten, wurde später noch eine Frauenstatue hinzugefügt. Die meisten anderen Kriegerdenkmäler in D. C. eignen sich besser zur Heldenverehrung als die Granitwand. Sie zelebrieren Tapferkeit und Opferbereitschaft. Die Gestaltung des Iwo Jima Memorial (auch bekannt als US Marine Corps War Memorial) und des Korean War Memorial erinnern an die romantisierenden Produkte des sozialistischen Realismus. Und auch das World War II Memorial lässt viel Raum für militärisches Pathos.

Amerikaner behandeln ihre nationalen Wahrzeichen übrigens mit wesentlich mehr Respekt als wir Deutschen die unseren. Das sollte man als Besucher unbedingt beachten. Wenn auf dem Nationalfriedhof am Grab des unbekannten Soldaten der Wachwechsel stattfindet, stehen alle auf, und man kann eine Stecknadel fallen hören. Es wird nicht geraucht und kein Kaugummi gekaut. Am Vietnam Memorial oder anderen Denkmälern joggt man nicht vorbei, man schreitet höchstens. Als sich Tom einmal am weitläufigen Roosevelt Memorial auf eine Pedale seines Fahrrads stellte und langsam ein Stück rollte, eilte sofort ein Angestellter herbei und sagte: »Alles andere als gehen ist nicht statthaft.« Anstand ist Bürgerpflicht. Die Nation achtet ihre Helden.

All diese Denkmäler und Regierungsgebäude, die rings um die National Mall zu besichtigen sind, vermitteln das

Gefühl, die Macht sei in der amerikanischen Hauptstadt nicht nur sichtbar, sondern geradezu greifbar. Weit gefehlt! Es ist geradezu ein Paradox, wie öffentlich und gleichzeitig hermetisch verschlossen der Machtapparat ist. Während auf der einen Seite Touristen in Jeans und T-Shirt, seien sie aus Texas oder Tokio, durch die heiligen Hallen des Kongresses wandeln können, werden auf der anderen Seite die meisten Beschlüsse hinter verschlossenen Türen vorbereitet und gefällt, und zwar von kleinen Gruppen einflussreicher Abgeordneter, Berater und Lobbyisten. Dieses Spiel ist von außen kaum durchschaubar. Es habe auch seine Vorteile, dass nicht alles transparent sei, meinte mal ein Kongress-Reporter sarkastisch: »Gesetze sind wie Würstchen, am besten man weiß nicht, wie sie gemacht wurden.« Die wahre Macht ist unsichtbar, und auch nicht ausschließlich in Regierungsgebäuden zu finden.

Ein Standort der Macht ist die K Street, die zwischen Connecticut Avenue und 24th Street so dicht besiedelt ist von Lobby-Firmen, dass »Lobbyismus« und »K Street« geradezu Synonyme geworden sind. Lobbyisten bewegen sehr viel Geld. Kein Wunder also, dass ausgerechnet in dieser Gegend auch eine Reihe der teuersten Restaurants der Stadt zu finden sind.

Lobby-Firmen vertreten unter anderen einzelne Bundesstaaten, verschiedene Industriezweige oder bestimmte Unternehmen. Sie werben etwa für die Interessen der Landwirtschaft, der Auto- oder der Ölindustrie. Sie sorgen dafür, dass deren Anliegen im Parlament Gehör finden, knüpfen Kontakte und werben für Positionen. Sie agitieren für oder gegen eine Liberalisierung der Waffenkontrollen, für oder gegen Abtreibung. Dabei hat das Lobbying sich selbst in Verruf gebracht durch kriminelle Methoden von Bestechung bis Erpressung, doch an sich ist Lobbyismus weit mehr als organisierte Korruption. Er ist, solange sich die Handelnden an gewisse demokratische Regeln halten, ein durchaus seriöser Bestandteil der Entscheidungsfindung. Auch außerparlamentarische Oppositionsgruppen und Interessenverbände, Kirchen und Gewerkschaften betreiben Lobby-Politik in D.C. Schließlich ist es in einer Demokratie durchaus legitim, die eigenen Interessen zu vertreten. Aber fragwürdige Methoden und intransparente Verquickung von Lobbyisten und Politikern schüren das Misstrauen. Es gibt inzwischen regelmäßig Vorstöße, den Handlungsspielraum der Lobby-Firmen per Gesetz stärker zu beschränken. Also arbeiten die Lobbyisten in der K Street nicht zuletzt eifrig daran, für sich selbst eine gute Lobby zu schaffen.

Auch Thinktanks versuchen Einfluss zu nehmen auf die Politik. Keine Stadt beherbergt so viele wie Washington. An die vierhundert Thinktanks gibt es hier, ihr Zentrum liegt in der Massachusetts Avenue in der Nähe des Dupont Circle. Thinktanks sind gleichsam die Industrie der amerikanischen Hauptstadt. So wie im Silicon Valley Computer entwickelt werden, in Pittsburgh Stahl und in Detroit Autos produziert wurden, laufen in D.C. politische Ideen vom Band: Unmengen von politischen Büchern, Schriften, Berichten, Analysen, Kommentaren über alles, was in D.C. diskutiert und entschieden wird, von nationaler Gesundheitsfürsorge bis hin zu Militäreinsätzen auf anderen Kontinenten.[2]

Washingtons Fabriken sind die Thinktanks. Je nach Trägerschaft, Ansehen und Einfluss arbeiten sie mit einem Budget von ein paar Hunderttausend oder zig Millionen Dollar und sind somit von großer Bedeutung für die lokale Wirtschaft. Während manche Skeptiker böswillig meinen, sie seien Versorgungsinstitute für Intellektuelle, die sich auf dem freien Markt nicht behaupten könnten, sehen sie sich selbst als Brücke zwischen politischer Wissenschaft und politischer Macht. In diesen Zirkeln kann nachgedacht und diskutiert werden ohne den Zeit- und Handlungsdruck einer Regierung. Thinktanks verweisen gemeinhin stolz auf ihre Unabhängigkeit. Allerdings produzieren die meisten ihre Ideen vor dem Hintergrund einer gewissen Grundhaltung, fühlen sich entweder den Republikanern oder den Demokraten mehr verbunden. So erläuterte die Heritage Foundation dem Kabinett Ronald Reagans bei Amtsantritt in einer über tausend Seiten dicken »Gebrauchsanweisung«, wie der Hase läuft. Barack Obama und seine Administration erhielten einen dicken Leitfaden vom Center for American Progress, Titel: »Neuanfang für Amerika – Eine fortschrittliche Blaupause für den 44. Präsidenten«. Tatsächlich verhelfen diese gesammelten Tipps und Erfahrungen den »Regierungsanfängern« zum schnellen Durchstarten. Die Gedankenfabriken sind also auch eine Art Aus- und Fortbildungsmaßnahme für Politiker. Viele Mitarbeiter der Thinktanks kommen entweder aus einer Regierung, oder sie streben einen Regierungsjob an, laufen sich sozusagen warm für den praktischen Job.

Als flüchtiger Besucher bekommt man von diesem Industriezweig wenig mit. Die üblichen Probleme industrieller Produktion entfallen. Nur selten wird die öffentliche Atmosphäre verschmutzt. Die Thinktanks hinterlassen ihre Spuren hauptsächlich in Expertenkreisen und – das zunehmend – im Internet. Politik wird zum virtuellen Geschäft. Dazu trägt nicht zuletzt die Obama-Administration bei, die ihre Fans und Unterstützer online zusammenruft und informiert. Einher damit geht das Sterben der Printmedien. Immer mehr amerikanische Zeitungen – sofern sie denn noch existieren – schließen ihr Hauptstadtbüro und sind in Washington gar nicht mehr vertreten. Das ändert nichts an der Tatsache, dass D. C. eine sehr hohe Konzentration von Journalisten verzeichnet: Amerikanische Fernsehsender unterhalten weiterhin ihre Büros, und natürlich wollen Reporter aus aller Welt direkt an der Quelle sein. Viele Zeitungsreporter wurden ersetzt durch Online-Redakteure, und zwar nicht nur solche, die für die Online-Version eines gedruckten Produkts arbeiten. Ein beachtlicher Teil der Berichterstattung aus der Hauptstadt legt heute den Schwerpunkt auf Internetportale. Manche sind heute so frequentiert und anerkannt wie einst renommierte Blätter.

Wir hatten das Glück, Washington noch vor den terroristischen Anschlägen auf das World Trade Center in New York und das Pentagon kennenzulernen. Nine Eleven – das steht für fast dreitausend Tote, für Zerstörung, Schmerz und Schock, für Trauma und Solidarität der Nation. 9/11 hat die Vereinigten Staaten und nicht zuletzt ihre Hauptstadt sehr verändert: die Politik, den Alltag, den Tourismus, die Partys und die Gefühle der Bewohner. Das Leben hat heute wieder eine Balance gefunden, aber so wie vor der Attacke wird es wohl nie mehr sein. Südwestlich des Pentagon in Arlington erinnert das Pentagon Memorial an hundertvierundachtzig Menschen, die starben, als ein Flugzeug der American Airlines an den Mauern des Verteidigungsministeriums zerschellte: hundertvierundachtzig geschwungene Steinbänke, unterspült von Wasser, beschattet von Ahornbäumen, in jeder Bank der Name eines Opfers eingraviert. Was für ein Glück im Unglück, dass sich ausgerechnet dieser Teil des fünfeckigen Gebäudes im Umbau befand! Viele Büros waren deshalb geräumt und standen leer. Sonst wäre die Zahl der Opfer sicherlich höher gewesen. Es ist eines der gelungensten unter den vielen Denkmälern, die Washington zu bieten hat. Man kann gar nicht umhin, hier auf einer der Bänke zu verweilen, um über das Geschehene nachzudenken. Die Anlage lässt einen fast vergessen, dass man sich mitten in einem Gewirr aus Autobahnen, Schnellstraßen und Parkplätzen befindet.

Tausenden von Fahrzeugen bieten die riesigen, betonierten Flächen Platz, im Sommer heiß wie in der Wüste, kein bisschen Schatten. Sich hier zu verfahren gehört nicht zu unseren Lieblingserinnerungen, ist aber mehr als einmal vorgekommen bei dem Versuch, den richtigen Highway in die richtige Richtung zu finden. Will man von hier nämlich zum Ortsteil Georgetown, so sollte man keineswegs den Hinweisschildern nach Washington D. C. folgen, sondern denen nach Rosslyn. Aber bis wir das merkten, hatten wir schon einige Irrfahrten hinter uns. Die fünfundzwanzigtausend Pentagon-Mitarbeiter kennen sich natürlich aus und wissen ganz genau, in welcher Ecke sie ihr Auto abstellen müssen, damit ihr Fußmarsch vom Parkplatz zum Büro nicht länger als eine halbe Stunde dauert. Drinnen steht ihnen nämlich auch noch einiges bevor: Die Flure des Pentagon wären, alle aneinandergelegt, zwanzig Kilometer lang. Früher gab es diese beeindruckenden Führungen durch das Pentagon, die ein besonders kommunikationsfreudiger Offizier im Rückwärtsgang erledigte. Ja, wirklich, er kannte seinen Weg (und Text) im Schlaf, lotste uns rückwärts durch die langen Flure, links rum, rechts rum, ohne sich umzuschauen, um uns schließlich bei einem Kollegen abzuliefern, der im Rahmen eines Diavortrages die Vorzüge der amerikanischen Verteidigungsstrategie erklärte. Seit 9/11 ist das Pentagon für die Öffentlichkeit gesperrt. Führungen gibt es nur noch für lange vorher angemeldete (und überprüfte) Gruppen.

Sehr schade, denn gerade die ungezwungene Offenheit, mit der sich Regierungsgebäude und Institutionen in D. C. präsentierten, schien uns ein Symbol der amerikanischen Gesellschaft zu sein. Dem amerikanischen Demokratieverständnis entsprechend gehören diese Häuser dem Volk. Und das wurde schon einige Mal wörtlich genommen. So feierten zwanzigtausend Bürger und Bürgerinnen 1829 die Amtseinführung Andrew Jacksons im Weißen Haus. Präsident Jackson floh schließlich in ein Hotel, während seine Mitarbeiter versuchten, die Massen wieder auf die Straße zu locken. Sie nutzten dazu Waschkübel gefüllt mit einem Cocktail aus Orangensaft und Whiskey. Zwar war es von jeher Tradition, den Amtssitz für das Volk zu öffnen, doch das ging wohl entschieden zu weit. Heute schränken zunehmende Sicherheitsbedenken den Zutritt ein. Die Sperrung der Pennsylvania Avenue macht es nun unmöglich, sich dem Weißen Haus mit dem Auto zu nähern. Fußgänger, Radfahrer und Skater kommen aber immer noch dicht an den Zaun. Hineinzukommen ist auch heute nicht unmöglich, aber es muss langfristig geplant werden. Amerikaner wenden sich an den Kongressabgeordneten ihres Wohnortes, ausländische Besucher stellen mindestens ein halbes Jahr vorher einen Antrag über ihre Botschaft. Vor 9 / 11 musste man nur geduldig in der langen Schlange warten oder außerhalb der Saison erscheinen, um noch am selben Tag durch den grünen, den blauen und den roten Raum schlendern zu können.

Zur traditionellen Easter Egg Roll öffnet sich der Garten des Weißen Hauses wie eh und je. Kinder rollen im Beisein des Hausherrn um die Wette bemalte Eier über den Rasen und erhalten von den Mitarbeitern des Weißen Hauses Schokoladeneier. Dreißigtausend Menschen folgten zu Ostern 2011 der Einladung Barack Obamas zur hundertdreiunddreißigsten Easter Egg Roll und wurden in fünf Schichten über den südlichen Rasen geschleust. Der Gärtner hat sich über die Folgen öffentlich nicht geäußert.

Auch zum 4. Juli, zur Feier des Unabhängigkeitstages, lädt der Präsident gewöhnlich in seinen Garten. Wir erinnern uns an einen Sommer Mitte der 1990er-Jahre, als wir auf dem Rasen des Weißen Hauses, nur einen Steinwurf von den Wohn- und Amtsräumen des Präsidenten entfernt, gemeinsam mit Hunderten amerikanischer Familien feierten. Ein strahlender Bill Clinton, damals Präsident, erschien auf dem Balkon, um allen zu versichern, wie stolz er auf das Land und seine Bürger sei. Hillary stand lächelnd an seiner Seite (von Monica Lewinsky war damals noch nicht die Rede).

Das Weiße Haus ist nicht einfach nur ein Haus. Es handelt sich inzwischen um einen weit verzweigten Gebäudekomplex. Thomas Jefferson, dritter Präsident der Vereinigten Staaten, schimpfte zunächst über die Größe seines Amtssitzes: der sei ja groß genug für zwei Kaiser, einen Papst und den Dalai Lama! Doch dann wuchs der Stab seiner Mitarbeiter, und er dachte schnell über eine Erweiterung nach. Heute bietet das Weiße Haus auf gut fünftausend Quadratmetern sechs Stockwerke mit hundertzweiunddreißig Räumen und fünfunddreißig Bädern, achtundzwanzig Kaminen, einen Tennisplatz, eine Bowlingbahn, ein Schwimmbad, einen Kinosaal und einen Bunker unter dem East Wing, das Presidential Emergency Operations Center. Im West Wing befindet sich das berühmte Oval Office mit Ausgang zum Rosengarten.

Als wir einmal Gelegenheit hatten, einen kurzen Blick dort hineinzuwerfen, war der große, runde Teppich marineblau, die schweren Vorhänge hinter dem ausladenden Massivholz-Schreibtisch goldgelb. Eine Freundin von uns gehörte zum Mitarbeiterstab Bill Clintons, und wenn der Präsident nicht in der Stadt weilte, war ein kurzer Blick durchaus erlaubt. Schließlich ist das Weiße Haus (die Privaträume der Präsidentenfamilie ausgenommen) ein Museum. Natürlich durften wir das Büro nicht betreten, eine feine Kordel am Eingang verhinderte das. Einen Blick in Regierungsakten hätten wir sowieso nicht erhascht, der Schreibtisch war wie leer gefegt, alles picobello aufgeräumt. Schon John F. Kennedy hat hier am Resolute Desk gearbeitet. Der Name hat übrigens nichts mit besonders resoluten Entscheidungen, die in diesem Amt manchmal fällig sind, zu tun, sondern besagt, dass der Schreibtisch aus dem Holz des Schiffes HMS Resolute hergestellt wurde. Die Einrichtung des Oval Office wird von jedem Präsidenten (bzw. seiner Frau) nach eigenem Bedürfnis und Geschmack erneuert. Ob nun die Farbe Grün, Blau oder Rot den Raum bestimmt, die Anmutung bleibt immer majestätisch mit dem präsidialen Wappen in der Mitte des runden Teppichs. Unter den Obamas hat das Oval Office einen etwas moderneren Anstrich bekommen: neutrale Beige- und Brauntöne, dunkelrote Vorhänge, bequeme helle Sofas, alles weniger verschnörkelt.

Wie die Pforten des Weißen Hauses wird auch der Zugang zum United States Capitol heute intensiver kontrolliert. Es wird angenommen, dass das Kapitol das eigentliche Ziel des entführten Flugzeuges war, das schließlich nach dem Eingreifen mutiger Passagiere in Pennsylvania abstürzte. Rund um das imposante Parlamentsgebäude auf dem Hügel (auf dem *hill,* heißt es kurz und knapp) gibt es seither Barrieren und Fahrzeugkontrollen. Manche Straßenabschnitte in der unmittelbaren Umgebung wurden inzwischen gänzlich geschlossen für den Verkehr oder wenigstens für Lastwagen. Zwar sieht das Kapitol gigantisch aus, doch reicht der Platz keineswegs für die Büros der Kongressmitglieder. Die befinden sich in den zahlreichen Bürobauten ringsherum. Die Senatoren sind in den Gebäuden nördlich des Kapitols untergebracht, die Kongressabgeordneten südlich davon.

Nach wie vor können Besucher die parlamentarischen Diskussionen von einer Galerie aus verfolgen, sofern eins der beiden Häuser, House oder Senate, tagt. Die Themenliste ist online oder in der *Washington Post* einzusehen; nur wenige Debatten finden unter Ausschluss der Öffentlichkeit statt. Die Sicherheitskontrollen verlaufen im Grunde wie auf einem Flughafen, nur etwas fürsorglicher. Seit einiger Zeit denken die Behörden in D. C. sogar daran, Hüllen für Regenschirme zur Verfügung zu stellen, damit die Sachen auf dem Fließband zur Durchleuchtung nicht allzu nass werden.

Diese Umsicht im Detail hat in Washington Tradition. Als Präsident George Bush 2003 zum Feldzug gegen Saddam Hussein blies, flatterte ein »Familien-Bereitschaftsleitfaden« des Bürgermeisters in unseren Briefkasten. Alltagstipps für den Fall eines terroristischen Angriffs. Die Broschüre enthielt eine »Evakuierungslandkarte« mit den wichtigsten Ausfallstraßen. Jeder wusste und weiß natürlich, dass diese schon im normalen Berufsverkehr blockiert sind. Nicht auszudenken, was passieren würde, wenn sich die ganze Stadt auf die Flucht begäbe. Für den – recht wahrscheinlichen – Fall, dass alles verstopft ist, auch für den Fall, dass eine chemische oder radioaktive Wolke es ratsam erscheinen ließe, frische Luft vorübergehend zu meiden, sollten wir uns im Haus einbunkern. Der Bürgermeister gab folgende Empfehlungen fürs Überlebenspaket: Wasser und Konserven für drei bis fünf Tage, einen nicht elektrischen Dosenöffner, Ersatzkleidung, Decken, ein Erste-Hilfe-Paket, ein batteriebetriebenes Radio, eine Taschenlampe, viele Ersatzbatterien, eine Extrabrille oder Kontaktlinsen, falls wir welche tragen. Wir sollten nicht vergessen, das Verfallsdatum der Kontaktlinsenflüssigkeit zu kontrollieren. Der Bürgermeister hatte wirklich an alles gedacht! Feuerlöscher, Schraubenzieher, Nadel und Faden, einen Kompass, Mülltüten, Stift und Papier. Auch unser Hund wurde nicht vergessen: Leine, Impfnachweise, Zeitungspapier und Plastiktüten, damit er sein Geschäft erledigen kann, Schüsseln und Futter bunkern! Warum für zehn Tage, während wir Menschen uns nur auf drei bis fünf Tage einstellen sollten, erklärte der Überlebensratgeber allerdings nicht.

Keiner wusste so richtig, wie die Gefahr aussehen sollte, die da auf uns lauerte. Würden wir alle versuchen, die Stadt zu verlassen, weil das Wasser vergiftet ist? Oder würden wir uns in unserem Notraum im Keller verschanzen, mit feuchten Lappen vor Mund und Nase, um nicht so viel Gift einzuatmen? Für alle Fälle sollten wir dafür sorgen, dass immer genug Benzin im Tank ist. Es wurde ebenfalls empfohlen, einen Raum im Haus mit extrabreitem Lassoband zu versiegeln, alle Ritzen an Fenstern und Türen damit dicht zu machen. Innerhalb weniger Tage war Klebeband in allen einschlägigen Geschäften ausverkauft.

In regelmäßigen Abständen wurde Code Orange ausgerufen, die zweithöchste Stufe in einem farblich gekennzeichneten Alarmsystem, dessen Funktionsweise immer unausgereift blieb und von niemandem richtig verstanden wurde. Barack Obama schaffte die Farbencodes, die zum Witz der Nation geworden waren, ab. Wenn Lokaljournalisten heute Code Yellow oder Orange erwähnen, dann geht es ums Wetter und die Luftverschmutzung. Wenn sie über Sicherheitsfragen berichten, dann meinen sie meist den Straßenverkehr. Die Lage hat sich beruhigt. Doch ganz so entspannt wie vor 9/11 ist niemand mehr in der amerikanischen Hauptstadt. Zum ersten Mal wurde die Weltmacht auf eigenem Boden so schwer getroffen. Der Schock zeigt bleibende Wirkung. Amerikaner neigen nicht zu ängstlichem Jammern. Sie sind eher der Meinung, Gefahren ließen sich durch entschiedenes Handeln abwehren. Sie haben mit der Homeland Security ein neues Ministerium geschaffen, eigens um Terroranschlägen vorzubeugen und sie abzuwehren. Es ist das drittgrößte und politisch irgendwo zwischen Innenministerium, FBI und CIA angesiedelt. Bis 2016 will sich die Behörde einen eigenen zentralen Standort südlich des Anacostia River schaffen. Willkommener Nebeneffekt: Die riesige Institution mit ihren zahlreichen Mitarbeitern wird dem heruntergewirtschafteten und vernachlässigten Stadtteil Auftrieb geben.

Washington lebt durchaus in dem Bewusstsein, zu den bevorzugten Angriffszielen von Terroristen zu zählen, doch prägt deswegen keineswegs Furcht den Alltag. Man kann auch nach wie vor mit den Insidern aus Politik und Justiz gemeinsam seinen Lunch einnehmen. Die Bürogebäude auf dem *hill* verfügen fast alle über Kantinen, die nicht nur für Kongressabgeordnete und ihre Mitarbeiter recht gutes Essen zu annehmbaren Preisen bieten. Das können Sie gern mal ausprobieren, vielleicht treffen Sie einen Kongressgeordneten oder Senator im *dining room* des Dirksen Senate Office Building oder einen Richter in der Supreme Court Cafeteria. Es herrscht nach wie vor freier Zugang. Daran hat sich auch nichts geändert, nachdem die Kongress-Mitarbeiter im Rayburn House Office Building südlich des Kapitols 2006 wieder in Angst und Schrecken versetzt worden waren. Das Gebäude wurde abgeriegelt, alle mussten in ihren Büros verharren. Die Polizei hatte Gewehrfeuer gehört und gerochen. Falscher Alarm! Ein Kongressabgeordneter hatte Baustellengeräusche mit einem Feuergefecht verwechselt.

---

[1] Früher war es im ganzen Stadtgebiet erlaubt, die Taxigäste zu »mischen«, inzwischen nur noch ab Union Station. Keine Angst, es gerät langsam aus der Mode.

[2] Peter W. Singer von der Brookings Institution in *The Washingtonian*, 13.8.2010

Aus dem Sumpf gezogen

Kleine Schöpfungsgeschichte

Von Molly Pitcher aus New Jersey hatten wir noch nie gehört. Bis unsere Tochter in der Schule die Aufgabe erhielt,
Molly Pitcher zu porträtieren. Unsere Tochter besuchte
die fünfte Klasse einer öffentlichen Schule in der Nähe der
National Cathedral. Mrs. Wren, eine junge und sehr en-
gagierte Lehrerin, hatte die Schülerinnen und Schüler gebeten, eine Persönlichkeit aus dem amerikanischen Unabhängigkeitskrieg vorzustellen. Zwei Monate später wurden
dann die Eltern zur Präsentation eingeladen. Gut zwanzig
Jungen und Mädchen, verkleidet mit Dreispitz oder Häub-
chen, Spitzenrüschen an Kragen und Ärmeln, knielangen
Hosen oder weiten Röcken, brachten uns die Kolonial-
zeit und den Kampf um die Unabhängigkeit von den europäischen Mutterländern näher. Jedes Kind hatte einen
Schuhkarton dabei, bepackt mit Gegenständen, die helfen
sollten, eine Person darzustellen. Unsere Tochter erschien
mit Puppen-Arztköfferchen und Wasserkrug (englisch: *pitcher*). Denn Molly Pitchers Legende gründete in ihrer Ers-

ten Hilfe auf dem Schlachtfeld. Sie nahm sich der Verwundeten an und versorgte die Soldaten mit Wasser. Eine nach der anderen kramten die Zehn- und Elfjährigen ihre Mitbringsel aus den Schuhkartons: Werkzeuge, Nahrungsmittel, Bilder, Spielzeuge, Geschirr… Nach jedem kleinen Vortrag gab es Beifall. »Welche Art von Applaus hättest du gerne?«, fragte Mrs. Wren. Die Kinder konnten wählen: Klatschen, Stampfen oder Pfeifen. So lief Geschichtsunterricht an einer öffentlichen Schule in Washington D. C.

Molly Pitcher folgte den Truppen der Kontinentalarmee, deren Oberkommando George Washington innehatte, jener General, der ein Jahrzehnt später der erste Präsident der Vereinigten Staaten von Amerika werden sollte und nach dem die Hauptstadt der heutigen Weltmacht benannt wurde. Zu Mollys Zeit, Ende der 1770er-Jahre, gab es noch keine geeinte Nation und dementsprechend keine Hauptstadt. Das Zentrum der Revolutionäre bildete Philadelphia, hier fanden ihre Kongresse statt. Die Region des heutigen District of Columbia an den Ufern des Potomac und des Anacostia River war weit davon entfernt, überhaupt eine Stadt zu sein, es befanden sich hier nur Sumpfgebiete, Ackerland sowie einige besiedelte Flecken. Die indianischen Ureinwohner waren weitgehend vertrieben oder versklavt worden.

Die Entscheidung, ausgerechnet hier den Regierungssitz anzusiedeln, hatte verschiedene Gründe. Nachdem der Kongress in Philadelphia angegriffen worden war von wütenden Soldaten, die endlich den Sold für ihren Einsatz im Unabhängigkeitskrieg forderten, suchte man nach einem sicheren, gut zu bewachenden Ort. Sowohl die Nordstaaten als auch die Südstaaten wollten das Zentrum in ihrer Nähe wissen, weil sie glaubten, so besser ihre Interessen vertreten zu können. Das Gebiet am Potomac erschien allen als akzeptabler Kompromiss. Land wurde vom nördlichen Maryland ebenso wie vom südlichen Virginia zur Verfügung gestellt. Letztendlich durfte der Präsident, George Washington, über den genauen Standort entscheiden, und der hatte seine ganz persönlichen Gründe. Er wünschte sich die Hauptstadt möglichst nah an seinem Familienanwesen Mount Vernon und dehnte deshalb die Fläche nach Süden aus. Debatten um persönliche Vorteilsnahme von Politikern sind so neu offensichtlich nicht, und so verfügte der Kongress, dass öffentliche Gebäude nur nördlich des Potomac errichtet werden dürften, um eine gewisse Distanz zu George Washingtons Plantage zu wahren. 1791 einigte man sich schließlich auf die Grenzen für die Hauptstadt und nannte das Gebiet The City of Washington. Das mag nun ein malariageplagter Sumpf gewesen sein, aber alle waren zunächst zufrieden. Es war ein kompromissfähiger Sumpf.

Der Präsident beauftragte den in Frankreich geborenen Architekten Pierre Charles L'Enfant mit der Planung der Stadt. Als habe er die spätere weltweite Bedeutung der Nation vorhergesehen, waren L'Enfants Visionen spektakulär und großspurig. Auf seinem Reißbrett entstand eine imposante Stadt mit Prachtstraßen und majestätischen Gebäuden, inspiriert von den monumentalen Ausmaßen der klassischen Architektur Griechenlands und Roms.

Seinen Auftraggebern erschien das unrealistisch und größenwahnsinnig. Wie sollte das alles in dem weithin unerschlossenen, sumpfigen Gelände entstehen, und wer sollte das bezahlen? Es dauerte kein Jahr, bis der ehrgeizige Architekt gefeuert wurde. Ein rundum abgespeckter Plan wurde gegen L'Enfants Willen in die Tat umgesetzt, sodass schließlich genau zu Beginn des neuen Jahrhunderts die Regierung in die neue Hauptstadt umziehen konnte.

L'Enfant stritt sich bis zu seinem Tod mit dem Kongress um das Honorar und starb verarmt und ohne weitere große Aufträge. Aber als die Nation sich hundert Jahre später vom Bürgerkrieg erholte und die Hauptstadt wuchs, beschloss der Kongress, Washingtons Ansehen zu liften und kramte dazu L'Enfants Entwurf wieder aus der Schublade. Jetzt, Anfang des 20. Jahrhunderts, wollte man plötzlich doch mit dem Pomp und der Üppigkeit der europäischen Kapitalen wetteifern. Dem geschassten Architekt wurde späte Anerkennung zuteil. Sein Leichnam wurde 1909 umgebettet, sein Grab auf dem Arlington-Friedhof mit einem wuchtigen Denkmal dekoriert, das seinen einstigen Visionen zur Ehre gereicht. Noch viel später, 1968, schien er endlich als Namensgeber gut genug. Ein Komplex aus Bürohäusern, Hotel und unterirdischem Einkaufszentrum wurde nach ihm benannt, ein zugiger, unwirtlicher Ort, der seine Vorstellungen eher konterkariert als würdigt. Falls es Sie tatsächlich dorthin zum L'Enfant Plaza treibt, halten Sie Röcke und Hüte fest, bevor sie vom Wind weggerissen werden.

Wer heute einen Blick auf die Karte wirft, wundert sich zunächst einmal über die ungewöhnliche Form der amerikanischen Hauptstadt: eine mit dem Lineal gezogene Raute, der man den südwestlichen Teil abgeschnitten hat. Die kleine Hafenstadt Alexandria, die Präsident George Washington unbedingt dabeihaben wollte, war nämlich gar nicht so begeistert von der Zugehörigkeit zum Distrikt. Nach einem Referendum (das kannten die Neubürger also auch schon) ging das Land zurück an Virginia. Na gut, hieß es damals, Washington wird sowieso nicht so sehr wachsen und wird den Platz gar nicht brauchen. Obwohl sich das als wenig weitsichtig erwies, blieb Alexandria bis heute eine eigene Stadt, mit einem pittoresken, sehenswerten Zentrum, einem kleinen Hafen, vielen Restaurants und Boutiquen. Auf einem anderen Teil des zurückgegebenen Gebiets entstand später der Arlington-Friedhof.

Gleich zu Beginn ihrer Geschichte hatte die Hauptstadt zwei Kriege zu überstehen – und danach nie wieder. 1812 flammte der Konflikt mit der alten Kolonialmacht England wieder auf. Der amerikanische Kongress erklärte den Briten den Krieg. In der Folge rückten britische Truppen in die Hauptstadt ein und brannten viele öffentliche Gebäude nieder. Bevor sie das Weiße Haus in Brand setzten – Präsident Madison war bereits geflohen –, verspeisten die Truppenführer noch das Abendessen, das für die Madisons bereitet war. Später am Abend fegte ein Tornado über die Stadt und brachte Glück im Unglück: Der Regen löschte alle Feuer. Aber die Residenz des Präsidenten, das Kapitol sowie viele andere öffentliche Gebäude waren schwer beschädigt.

Die britischen Soldaten zogen weiter nach Baltimore, wo sie versuchten, Fort Henry einzunehmen. Francis Scott Key, ein amerikanischer Anwalt und Hobbypoet, beobachtete die Szenerie von einem britischen Schiff aus, auf dem er sich gerade aufhielt, um über die Freilassung von Gefangenen zu verhandeln. Als nach stundenlangem Feuer der Rauch abzog und die Luft wieder klarer wurde, bemerkte Scott, dass das Sternenbanner noch über dem Fort im Wind flatterte. So wusste er, dass die Briten Baltimore nicht erobert hatten. Die Szene inspirierte ihn zu einem Gedicht: »The Star-Spangled Banner«. Daran erinnern wir uns, wenn wir von Georgetown über die Key Bridge nach Rosslyn gehen. Oder wenn wir am 4. Juli, dem Nationalfeiertag, auf der Mall stehen. Denn das Gedicht mauserte sich zur Nationalhymne, sehr viel später allerdings, erst 1931.

Jedes Jahr feiern nun Tausende von Washingtonians und Besuchern auf der Mall die Erklärung der Unabhängigkeit von 1776. Der ausgedehnte Rasen zwischen Kapitol und Washington Monument ist bedeckt mit Picknickdecken. Alles, was Beine hat, begibt sich mit vollgepackter Kühlbox in die Innenstadt, um vor verschiedenen Bühnen Musik zu hören und später am Abend das traditionelle Feuerwerk zu bestaunen. Und dann stehen sie alle da, mit der Hand auf dem Herzen, und singen zur Melodie eines englischen Trinkliedes »The Star-Spangled Banner«. Dabei ist der Text keineswegs unproblematisch. Üblicherweise wird nur die erste Strophe gesungen. Und das ist vielleicht auch besser so, nicht zuletzt, weil die amerikanische Hymne als eine der schwierigsten weltweit gilt. Es gibt noch andere Einwände. Während die Deutschen nur die dritte Strophe des Gedichtes zum Deutschlandlied erklärten, erscheint in Keys Poem gerade die dritte Strophe fragwürdig. Denn in diesen Zeilen hat der dichtende junge Anwalt nach gewonnener Schlacht seinem Hass auf die Briten freien Lauf gelassen: »Ihr Blut hat die Verunreinigung durch ihre widerwärtig schmutzigen Fußstapfen schon ausgewaschen«, heißt es da zum Beispiel. Während des Zweiten Weltkrieges, als Großbritannien und die USA Seite an Seite kämpften, wurde diese Strophe vorübergehend beim Singen ausgelassen. Die andächtige Hingabe beim Singen beeinträchtigt das alles heute nicht.

Francis Scott Key hat übrigens ganz in der Nähe der nach ihm benannten Brücke gewohnt. Aber sein Haus in der M Street wurde 1947 abgerissen für den scheußlichen Whitehurst Freeway, der nun das Hafengebiet in Georgetown verschandelt. Die Pendler allerdings, die aus dem Westen tagtäglich in die Innenstadt müssen, wissen diese hochgelegte Stadtautobahn sehr zu schätzen. Immerhin wurde dem Nationaldichter nun an der Stelle seines Heims eine winzige Grünfläche gewidmet, der Francis Scott Key Park. Während der Rushhour läuft man dort allerdings Gefahr, umgehend an einer Bleivergiftung zugrunde zu gehen.

Washington D. C. blieb lange eine kleine Stadt mit nur wenigen Tausend Einwohnern, die obendrein im Sommer noch vor der großen Hitze und Feuchtigkeit flüchteten. Kein Politiker wollte sich hier auf Dauer niederlassen, keiner sah den Ort als seine Heimat an. Wer kam, ließ seine Familie zu Hause, und flüchtete bei jeder Gelegenheit zurück in die Heimatstadt.

Noch im 19. Jahrhundert war Washington wahrhaft unwohnlich. Majestätisch war nur die Lage: ein traumhafter Blick über das Potomac-Tal und die bewaldeten Hügel ringsum. Die Straßen allerdings waren schmutzig und schlammig. Immer wieder traten die Flüsse über ihre Ufer, die Wasser des Potomac stiegen bis über die untere Pennsylvania Avenue am Weißen Haus. Es gab nur wenige dürftige sanitäre Anlagen, die Toiletten der Hotels entsorgten ihr Abwasser direkt in ihre Hinterhöfe, in Kanäle oder Bäche. Ein beachtlicher Teil des Trinkwassers kam aus verseuchten Brunnen. Schwärme von Mücken schwirrten über Unrat und feuchten, nebligen Grund. Epidemien, Malaria und Tuberkulose, gehörten zum Alltag. Die Lage war so elend, dass einige Kongressabgeordnete vorschlugen, die Regierung an einen anderen Ort zu transferieren.

So stand es um die Hauptstadt am Vorabend des Bürgerkrieges. Dieser Krieg[1] trieb das Land an den Rand des Ruins; er kostete mehr Opfer, als die Amerikaner im Zweiten Weltkrieg zu beklagen hatten. Elf Südstaaten lösten sich 1861 von den United States und gründeten die Konföderation, fünfundzwanzig Staaten blieben in der Union. Es ging um Macht und Profit, und es ging um die Sklaverei.

Während die Konföderierten auf ihren Plantagen unter keinen Umständen auf Sklavenarbeit verzichten wollten, war die Sklaverei in den meisten Nordstaaten, deren Wirtschaft auf industrieller Produktion beruhte und ganz andere Erfordernisse hatte, bereits abgeschafft.

Washington liegt knapp südlich der Mason-Dixon Line[2], die die Sklavenhalter-Staaten von denen trennte, die Sklaverei verboten. Die Mason-Dixon Line beschreibt auch eine kulturelle Trennung und inspirierte Musiker und Schriftsteller zu Songs und Geschichten. D. C. hat von beiden Seiten etwas: Wer aus dem Süden kommt, empfindet es als nördlich geprägt. Nordlichter spüren einen südlichen Flair. Sklaverei gab es jedenfalls auch hier. Die Hauptstadt wurde in weiten Teilen von Sklaven erbaut. Unter der Kontrolle weißer Aufseher fällten sie Bäume, rodeten den Boden, karrten Steine an und legten Fundamente, auf denen die Heimstätten der neuen Demokratie errichtet wurden. Für diese Arbeiten mietete die Bundesregierung Sklaven auf monatlicher oder jährlicher Basis. Der Sklavenhandel wurde meist in der Nähe von Wirtshäusern und Pensionen betrieben. Viele namhafte Hotels unterhielten kleine Gefängnisse, die ihre Gäste zur Unterbringung ihrer Sklaven nutzen konnten.

Ein Weißer namens John Beattie betrieb zum Beispiel einen erfolgreichen Sklavenmarkt in Georgetown, damals noch eine von Washington unabhängige Stadt. Nur einen halben Block von unserem ersten Wohnsitz entfernt war vor hundertfünfzig Jahren mit Menschen gehandelt worden. Wir gingen jeden Tag mehrmals dort vorbei und hatten keine Ahnung davon. Auch die dunkle Geschichte vom Volta Place kannten wir nicht, obwohl wir sehr oft dort waren, weil unsere Kinder den schön angelegten Spielplatz liebten.

Gemeinhin ist Volta Place bekannt durch den Erfinder des Telefons, Alexander Graham Bell, der hier sein Laboratorium unterhielt. Niemand hat jemals erwähnt, dass an dieser Stelle einst Sklaven, die von den Ufern des westafrikanischen Flusses Volta verschleppt worden waren, verkauft wurden. Allein die katholische Georgetown University hielt zweihundertzweiundsiebzig Sklaven, die sie allerdings auf Druck des Papstes verkaufen musste. Zur Ehrenrettung dieser Uni muss man sagen, dass sie 1873 als erste weiße Hochschule einen schwarzen Präsidenten bekam.

In der Hauptstadt selbst wurde die Sklaverei 1862, also im Jahr nach Ausbruch des Bürgerkrieges, abgeschafft. Zu dieser Zeit lebten ungefähr dreitausend Sklaven und elftausend freie Afroamerikaner in D. C.

Bis zu diesem Krieg waren fast alle Präsidenten der Vereinigten Staaten Sklavenhalter. In Mount Vernon, George Washingtons Landsitz, sind die damaligen Quartiere der rechtlosen Schwarzen zu besichtigen. Auch die meisten Präsidenten aus dem Norden beschäftigten Sklaven auf ihren Ländereien oder in ihren Haushalten. Erst der 16. Präsident der Nation, Abraham Lincoln[3], ein Republikaner, stellte sich entschieden gegen die Knechtschaft der Schwarzen. Die Mehrheit der Washingtonians hatte für ihn gestimmt und sympathisierte mit den Nordstaaten, es blieben aber Nischen für Anhänger der Konföderierten. Gekämpft wurde nicht auf dem gut gesicherten Hauptstadtboden, wohl aber direkt vor den Grenzen des Distrikts.

Vier Jahre dauerte die blutige, verlustreiche Auseinandersetzung, bis sich 1865 die Konföderierte Armee, angeführt von Robert E. Lee, in Virginia, vor den Toren Washingtons, geschlagen gab. Als Zeichen des Respekts und als Symbol für den Willen, die ganze Nation zu versöhnen, durfte Lee Pferd und Schwert behalten. Sein früheres Wohnhaus, das Arlington House mit den großen griechischen Säulen auf dem Ehrenfriedhof, ist inzwischen ein Denkmal.

Nur fünf Tage nach Kriegsende wurde die Hauptstadt von einem Schuss erschüttert. John Wilkes Booth, ein bekannter Schauspieler mit Sympathie für die Konföderierten, drang im Ford's Theatre in die Präsidentenloge ein und schoss Abraham Lincoln während der Vorstellung von hinten in den Kopf. Der schwer verletzte Präsident starb am folgenden Morgen in der Pension gegenüber.[4] Knapp zwei Wochen später wurde der flüchtige Mörder in Virginia gestellt und in einer Scheune erschossen. Andere Beteiligte an der Verschwörung wurden verurteilt und öffentlich hingerichtet. Das war das erste große Medienereignis der jungen Nation: Reporter, Fotografen und Künstler hielten jedes Detail fest und brachten es an die Öffentlichkeit.

Die Nation und auch der Distrikt litten lange unter den Auswirkungen des Bürgerkrieges. Mit dem Krieg waren Tausende von Freiwilligen und Berufssoldaten in die Stadt geschwappt, ebenso Immigranten und ehemalige Sklaven, auf der Suche nach Arbeit und einer unabhängigen Existenz. Der Anteil der Afroamerikaner war auf gut dreißig Prozent der Bevölkerung gestiegen. Sie halfen, Washington zur Festung auszubauen. Durch diese und andere militärische Maßnahmen wurden zwar Arbeitsplätze geschaffen, für zivile Aufgaben reichten die Ressourcen jedoch nicht. So lebten die vielen Hinzugezogenen in behelfsmäßigen Hütten, sogenannten *alley dwellings*. Die jämmerlichen Behausungen wurden illegal in kleinen Gassen (*alleys*) zwischen bestehenden Gebäuden errichtet, natürlich ohne frisches Wasser oder Toiletten. Bis 1955 wurden die meisten abgerissen. Jahrzehnte später änderte sich die Philosophie der Städteplanung. Es wurde mehr Wert auf den Erhalt historischer Relikte gelegt, und so blieben einige wenige *alley dwellings* bis heute erhalten, geben im hübsch sanierten Zustand aber nicht die geringste Vorstellung vom kümmerlichen Dasein, das seine Bewohner im 19. Jahrhundert dort fristeten.[5] Obwohl diese Unterkünfte kaum genug Platz bieten, um ein Doppelbett aufzustellen, verkaufen sich einzelne heute für mehr als dreihunderttausend Dollar.

Anfang des 20. Jahrhunderts hatte sich das Land vom Krieg und seinen Folgen weitgehend erholt. Washington war bedeutender geworden, die Einwohnerzahl stetig gestiegen. Aber an Attraktivität und Lebensqualität hatte die Hauptstadt nichts gewonnen. Das sollte sich jetzt ändern. Es war wieder Raum für ehrgeizige Ziele und Visionen. Es sollte konkurrieren können mit Metropolen wie Paris und London. Wieder kamen den Stadtplanern die Entwürfe des Architekten Pierre Charles L'Enfant in den Sinn, als sie sich daranmachten, die National Mall von Grund auf neu zu planen: mit großen Monumenten und Museen ringsum. In weitem Umkreis des Kapitols wurden die entstandenen Slums und *alley dwellings* niedergerissen und durch imposante Regierungsgebäude ersetzt. Eine neue Behörde entwickelte als Ersatz erste Ansätze sozialen Wohnungsbaus. Doch natürlich lag der Schwerpunkt auf den riesigen repräsentativen Monumentalbauten, die Washington heute kennzeichnen.

Man könnte sagen, die Stadt hat sich am eigenen Schopf aus dem Sumpf gezogen. Aber eins hat der Distrikt bis heute nicht erreicht: politische Eigenständigkeit und Gleichberechtigung mit den anderen Bundesländern. Wer heute einen näheren Blick auf Washingtons Kraftfahrzeuge, genauer gesagt auf ihre Kennzeichen wirft, findet dort eine Parole eingeprägt: »Taxation without representation«. Eigentlich stammt diese Parole aus dem Unabhängigkeitskrieg und richtete sich gegen die Kolonialherren. Heute meinen die Washingtoner Bürger damit: Wir zahlen Steuern, ohne politisch repräsentiert zu sein. Der District of Columbia ist nämlich kein normaler Staat, wie etwa Hamburg und Bremen gleichberechtigte Stadtstaaten in Deutschland sind. Der Distrikt ist nicht im Senat vertreten und hat im Kongress nur einen Delegierten ohne Stimmrecht. Die Gründer hielten einen Sonderstatus für nötig, um den Regierungssitz in besonderer Weise zu schützen und zu kontrollieren. Erst seit 1961 dürfen die Washingtonians ihre Stimme bei den Präsidentschaftswahlen abgeben. Und erst seit 1973 wählen sie selbst einen Stadtrat und ihren Bürgermeister. Der wurde vorher vom Präsidenten bestimmt. Bis heute greifen Präsident und Kongress aktiv in die Lokalpolitik, auch in die Haushaltsführung, ein. Während zum Beispiel in anderen Bundesstaaten Richter und Staatsanwälte auf lokaler Ebene gewählt oder bestimmt werden, werden sie in Washington vom Präsidenten höchstpersönlich ausgesucht. Nach wie vor sind alle Stadtangelegenheiten gleichzeitig Staatsangelegenheiten. Obwohl viele Bürgerinnen und Bürger das als ungerecht empfinden, kommt keine Reform zustande. Böse Zungen behaupten, der wahre Grund sei, dass D.C. mit vollen Wahlrechten die Mehrheitsverhältnisse im Kongress verändern würde: Die Bevölkerung ist ethnisch gemischt; Afroamerikaner sind sehr stark vertreten; die Mehrheit der Bürger denkt großstädtisch und wählt traditionell demokratisch. Deshalb, so unterstellen einige, würde eine Anerkennung des Distrikts als ebenbürtiger Bundesstaat verhindert.

Die Politiker der Gründerphase hatten sicherlich nicht so böse Hintergedanken. Sie haben dieser Stadt kein Eigenleben zugetraut. Wer konnte ahnen, dass Washington einmal aufblühen und so beliebt werden würde? So viel Selbstbewusstsein hat dieser Stadt niemand zugetraut.

[1] American Civil War (1861–1865)

[2] Diese von Ost nach West verlaufende Grenze haben der Astronom Charles Mason und der Vermessungsingenieur Jeremiah Dixon vermessen. Sie wurde 1820 nach Verhandlungen im Missouri-Kompromiss festgelegt.

[3] Abraham Lincolns Präsidentschaft dauerte von 1861 bis 1865.

[4] Das William A. Petersen House und das Ford's Theatre sind zu besichtigen (auch außerhalb der Vorstellungen).

[5] Blagden Alley and Naylor Court (zwischen 9th/10th und N/O Street). Snow's Court (zwischen 24th/25th Street und K/I Street). Hughes Mews (zwischen 25th/26th Street und K/I Street).

Schokolade schmilzt

Chocolate City

D. C. ist eine schwarze Stadt; die Einwohner sind in der Mehrheit Afroamerikaner. Seit den 1950er-Jahren ist das so. Da wurde Washington zur ersten amerikanischen Stadt mit überwiegend schwarzer Bevölkerung. Washingtons Gesicht ist schwarz. Als Tourist bekommt man das nicht unbedingt mit. Denn es wird nur in bestimmten Stadtteilen und zu bestimmten Gelegenheiten deutlich. Man merkt es, wenn man mit Behörden zu tun hat, die Angestellten sind meist Afroamerikaner. Musikliebhaber wissen es, weil Jazz, Blues und Funk in D. C. zu Hause sind. Clubs wie der HR-57 und die Bohemian Caverns, einst die Bühne für weltbekannte Jazzgrößen wie Louis Armstrong, Duke Ellington und Miles Davis, pflegen dieses musikalische Erbe der Stadt. Das Fernsehpublikum sieht es: Mehr als die Hälfte der lokalen Moderatoren sind schwarz. Es gibt sogar Moderationspaare, die von zwei schwarzen Anchors gebildet werden. Das ist einmalig im ganzen Land! Washington hatte noch nie einen weißen Bürgermeister.

Seit der Kongress 1973 den Einwohnern der amerikanischen Hauptstadt erlaubt hat, ihren Bürgermeister selbst zu wählen, vereinen die schwarzen Kandidaten die weitaus meisten Stimmen auf sich. Um es genau zu sagen: Die größeren Parteien haben noch kein einziges Mal gewagt, einen weißen Kandidaten ins Rennen zu schicken, wohl wissend, dass der nicht die geringste Chance gehabt hätte.

Nun brachte die letzte Volkszählung 2010, deren Ergebnisse im Frühling 2011 veröffentlicht wurden, eine Sensation: Washingtons schwarze Mehrheit schwindet. Nur noch wenig mehr als die Hälfte der Washingtonians waren bei der Zählung schwarz, fünfunddreißig Prozent weiß, die restlichen zwanzig Prozent machen im Wesentlichen Zuwanderer aus Lateinamerika und Asien aus. Immer mehr Weiße ziehen in die Stadt, während Schwarze sie verlassen. Die Folgen dieser dramatischen Veränderungen sind nicht nur demografischer, sondern auch sozialer und kultureller Natur. Washington wird weißer, sauberer, bürgerlicher – mit allen Vor- und Nachteilen. Die Bevölkerungsstatistik bringt zum Ausdruck, was diese Stadt an radikalen ethnischen Bewegungen und Gegenbewegungen erlebt hat.

In den 1950er-Jahren setzte beim Mittelstand – und der war damals noch mehr als heute in erster Linie weiß – ein Trend ein: Raus aus der engen, teuren und unsicheren Stadt, rein in die Vororte, die *suburbs*. Dort war das Land preiswerter, man erhielt größere Häuser und Gärten für weniger Geld. Zudem setzte sich das Auto immer mehr als Verkehrsmittel für Familie Jedermann durch und machte so das Pendeln zum Arbeitsplatz möglich. Einfamilienhaus-Siedlungen und Mammut-Einkaufszentren schossen in den Außenbezirken wie Pilze aus dem Boden. Ende der 1960er-Jahre erhielt diese Bewegung noch einen neuen Antrieb; es kam zu einem wahren Exodus der Weißen aus der Stadt. Es waren die heißen Jahre der Bürgerrechtsbewegung, des Kampfes um gleiche Rechte unabhängig von der Hautfarbe. Deren trauriger Höhepunkt: die Ermordung des charismatischen Bürgerrechtlers Martin Luther King am 4. April 1968 in Memphis, Tennessee. Die bittere Nachricht verbreitete sich wie ein Lauffeuer und die Empörung darüber entlud sich in über hundert amerikanischen Städten tagelang in gewalttätigen Aufständen. Auch Washington D. C. wurde von schweren Unruhen erschüttert.

In der U Street bildete sich eine Menge, die zunächst mit friedlicher Absicht von Geschäft zu Geschäft wanderte und die Inhaber aufforderte, aus Respekt vor dem Getöteten zu schließen. Nach einiger Zeit klirrten Fensterscheiben, bald danach wurden die ersten Läden gestürmt und ausgeräumt. Die Aufstände breiteten sich aus und hielten die Stadt drei Tage lang in Atem: Rund tausend Gebäude wurden abgebrannt, neunhundert Geschäfte zerstört und geplündert. Zwölf Menschen wurden Opfer der Flammen, über tausend verletzt. Über sechstausend Menschen wurden festgenommen.

Die Ironie der Geschichte wollte es, dass die weißen Viertel der Stadt von der Zerstörungswut weitgehend verschont blieben. Die Empörung der afroamerikanischen Jugendlichen über den Tod ihres Anführers entlud sich vor der eigenen Haustür. Betroffen waren in erster Linie kleine Läden, keine großen Ketten. Viele der Inhaber waren Juden, andere Einwanderer aus europäischen Ländern, wie Griechenland, Italien und Deutschland. Zwar waren die Besitzer Weiße, doch die Angestellten waren oft Afroamerikaner, die in der Folge ihren Arbeitsplatz verloren.

Obwohl viele Afroamerikaner die Gewalttätigkeiten und Plünderungen verurteilten, stimmten doch etliche der Ansicht der radikalen Führer der Revolte zu, die weißen Kleinunternehmer seien Blutsauger. Infolge dieser Stimmung wurden die meisten Geschäfte aufgegeben, selbst jene, die der Zerstörungswut entgangen waren. Aus Angst vor weiteren politischen Beben flüchteten Weiße und der schwarze Mittelstand aus der Innenstadt und siedelten sich in den *suburbs* an. Die einst dicht bewohnte City galt nun im wörtlichen und übertragenen Sinne als verbranntes Pflaster. Dies war der letzte Schub in einer »Völkerwanderung«, die sich zwischen 1950 und 1970 vollzog: Sage und schreibe dreihunderttausend weiße Einwohner verließen die Stadt, während zweihundertfünfzigtausend Afroamerikaner einzogen – bis sie über siebzig Prozent der Einwohner Washingtons ausmachten. Chocolate City! Aus D. C. wird C. C. »Chocolate City« nannte die Funk-Band Parliament ihr 1975 publiziertes Album, auf dem Cover das Kapitol und andere Washingtoner Wahrzeichen in Form von Schokoladenmedaillons. Ein Lobgesang auf die schwarze Hauptstadt, zugleich Triumph und Erleichterung über frisch erworbene Macht und Freiheiten. »God bless CC and its vanilla suburbs!«, heißt es da: »Gott segne Chocolate City und seine Vanille-Vororte!«

Heute, so zeigt die Volkszählung von 2010, geht der Kurs offenbar zurück in die andere Richtung. Nun verlassen schwarze Familien die Stadt, sie werden vertrieben von stetig steigenden Lebenshaltungskosten und Immobilienpreisen. Der Trend vollzieht sich im Galopp. In nur zehn Jahren ist der schwarze Bevölkerungsanteil um zehn Prozent gesunken.

Da ist zum Beispiel Robert Adams, einundvierzig Jahre alt, zwei kleine Kinder.[1] Er ist im Stadtteil Anacostia aufge-

wachsen, einem traditionell eher armen – und schwarzen –
Viertel an den südöstlichen Ufern des Anacostia River und
des Potomac. Seine Großeltern kamen in den 1940er-Jah-
ren aus Virginia, verließen wie viele andere Schwarze den
Süden auf der Suche nach mehr Unabhängigkeit und einer
wirtschaftlichen Existenz.

Robert Adams lebte gerne in Anacostia, trotz aller Probleme, der schwachen Infrastruktur und der kaum ein-
zudämmenden Kriminalität. Hier gründete er selbst eine
Familie. Als Lastwagenfahrer verdient er weniger als fünf-
zigtausend Dollar im Jahr, aber er hat gespart und hielt
Ausschau nach einem kleinen Eigenheim.

Da war ein Häuschen auf dem Markt, in unmittelbarer Nachbarschaft, gleich um die Ecke vom Haus seiner Mutter. Neben Küche und Wohnraum hatte es nur
zwei Schlafzimmer. Kühlschrank und Waschmaschine, die
in den USA üblicherweise zur Ausstattung einer Wohn-
immobilie gehören, fehlten. Trotzdem sollte es zwei-
hundertfünfundachtzigtausend Dollar kosten, zwei- oder
dreimal mehr als für so ein Haus in den 1990er-Jahren
verlangt worden wäre. Für Robert Adams eindeutig zu
viel.

Anacostia gilt seit Jahrzehnten als Inbegriff des Prob-
lemviertels: Armut, Arbeitslosigkeit, Gewälttätigkeit, Drogenkonsum, schlechte Schulen prägen das Leben. Viele
Häuser sind in schlechtem Zustand; verwahrlosten Sozi-
albausiedlungen sieht man an, dass sich niemand verant-
wortlich fühlt bzw. niemand das Geld für die Instandset-
zung hat. Die Anwohner fühlen sich nicht sicher auf der
Straße, es gibt nur wenig Geschäfte. Kein attraktives Pflaster für Besucher. Im Gegenteil. Wer hier nicht wohnt,
kommt hier nicht hin, Touristen wird abgeraten. Nein, das
stimmt nicht ganz. Es gibt ein attraktives Ziel hier, nämlich

den Alterssitz von Frederick Douglass, eine einst wunderschön gelegene Villa, Cedar Hill genannt.

Douglass wurde 1817 als Sklave geboren. Ihm gelang die Flucht nach New York, wo er begann, sich eine freie Existenz aufzubauen. Mit seiner rhetorischen Begabung wurde er zum – auch von Weißen – anerkannten Politiker. Landauf, landab wurde er engagiert, um gegen die Sklaverei anzutreten. Er kämpfte für die Gleichberechtigung aller Menschen, nicht nur die der Schwarzen, sondern auch der indianischen Ureinwohner und der Frauen. Das war für die damalige Zeit recht ungewöhnlich. Nach dem Bürgerkrieg ernannte man ihn zum Präsidenten der Freedman's Savings Bank, welche die Ersparnisse der früheren Sklaven und der afroamerikanischen Kriegsveteranen anlegen sollte. Das Gebäude am Madison Place, ganz in der Nähe des Weißen Hauses, wird heute vom Finanzministerium genutzt.

Douglass blieb politisch aktiv bis zu seinem Tod 1895. Die letzten achtzehn Jahre seines Lebens verbrachte er in Anacostia mit Blick auf das Kapitol. Cedar Hill ist heute noch weitgehend original eingerichtet und gibt einen authentischen Eindruck vom Alltag im 19. Jahrhundert. Ortsunkundigen würden wir nicht unbedingt raten, einen Spaziergang hierher zu machen oder mit dem Mietwagen vorzufahren. Am bequemsten und sichersten gelangt man mit einem Touristenbus hierher.

Zwar ist der trostlose Stadtteil im Begriff, sich zu verändern, doch sicher ist es hier noch nicht. Bis vor Kurzem fand sich kein einziges richtiges Restaurant in dieser Gegend, nur Kioske und Schnellimbisse. Neuerdings trauen sich unternehmungslustige Pioniere nach Anacostia, nicht nur mit Hamburgern und Pommes frites, sondern auch mit angesagten Bio-Gerichten, frischen Obstsäften und Latte macchiato. Für so etwas hatte sich Robert Adams lange eingesetzt: für eine bessere Lebensqualität in dem vernachlässigten Stadtteil, für eine Metro-Haltestelle, für mehr Geschäfte, Apotheken und Restaurants. Doch jetzt, wo all die Dinge, für die er gekämpft hatte, langsam Einzug halten, kann er sie sich nicht leisten. Deshalb musste er aus Anacostia wegziehen. Nach vergeblicher Haussuche vor Ort zog er in einen Vorort, wo er für weniger Geld ein größeres Haus mit fünf Schlafzimmern erstand. So geht es ihm wie vielen afroamerikanischen Familien. Sie verlassen die Großstädte. Mehr als die Hälfte der schwarzen Amerikaner lebt nun in den *suburbs*. Der allgemeine Trend geht genau in die andere Richtung als während der 1950er-, 1960er-Jahre: Weiße rein in die Städte, Schwarze raus.

Ganz so einfach ist das allerdings nicht zu beschreiben. Denn Gentrifizierung ist nicht in erster Linie ein Farbenspiel. Nach wie vor sehen auch viele weiße Familien ihren Platz eher in den Vororten. In die Stadt kommen die Singles, energiegeladene, erfolgsorientierte junge Leute ohne Nachwuchs. Dabei ist der eindringende Gentrifizierer nicht immer ein weißer Aufsteiger, der mit iPod-Stöpseln im Ohr am Fluss entlangjoggt oder seinen Hund spazieren führt. Auch Afroamerikaner kommen zunehmend im Mittelstand an. Es geht im Grunde genommen nicht um die Rasse, sondern um die soziale Zugehörigkeit.

Viele junge Schwarze haben eine ausgezeichnete Bildung und Ausbildung genossen, arbeiten in achtbaren, gut bezahlten Jobs. Sie gehören nun ebenfalls zu den Aufsteigern, die ins historische Anacostia ziehen und dazu beitragen, dieses Viertel zu gentrifizieren. Hinter zerbrochenen Scheiben, eingefallenen Treppen und verwilderten Gärten entdecken sie die Schönheit der einst charmanten Häuser aus dem 19. Jahrhundert, die mit ihren überdachten Veranden gemütliches Südstaaten-Flair verbreiten. Ob schwarz oder weiß, die neuen Bewohner wollen abends ausgehen, sie haben Geld zum Einkaufen, sie fordern mehr Sicherheit und Polizeipräsenz. Manche betrachten die Entwicklung mit einem lachenden und einem weinenden Auge. Sie freuen sich zu sehen, wie das schäbige Viertel aufblüht, und bedauern, dass es Alteingesessene wie Robert Adams forttreibt. Oft sieht man auf den Verkaufsschildern der Makler Graffitis, die sich gegen die Entwicklung wehren: »No Whites!«, heißt es da: »Keine Weißen!«

Es wäre nicht der erste Stadtteil, der sein Gesicht radikal verändert. Georgetown zum Beispiel war keineswegs immer rein weißes Territorium. Hausbesitzer und Bewohner zählen heute so gut wie alle zur weißen Mittelklasse. Sicher, am Wochenende tummeln sich Menschen aller Hautfarben in Georgetowns Straßen, Geschäften und Restaurants. Ein paar Bankangestellte sind schwarz, ebenso die Verkäufer in der Billig-Drogerie CVS, aber die wohnen natürlich nicht hier, sondern reisen allmorgendlich an aus den *suburbs*.

Lange Zeit waren Georgetowns Bewohner ethnisch gemischt. Im 18. Jahrhundert war rund ein Drittel als schwarz registriert, Freie ebenso wie Sklaven. Der Anteil der freien schwarzen Bevölkerung Georgetowns stieg beständig. In der zweiten Hälfte des 19. Jahrhunderts lebten um die tausend schwarze Familien in Herring Hill, einem Teil Georgetowns, der benannt ist nach den Fischen, die aus dem nahen Rock Creek geangelt und zum Abendbrot serviert wurden. Einige Schwarze arbeiteten als Gärtner, Köche und Stallknechte für wohlhabendere weiße Familien, andere hatten es zu Universitätsabschlüssen und höheren Positionen gebracht.

Nur wenige Jahrzehnte nach dem Sieg über die Sklaverei sorgten immer mehr Gesetze für eine Trennung der Rassen. So war es den schwarzen Schülern in Georgetown nicht erlaubt, die Highschool in ihrer Nachbarschaft zu besuchen. Sie mussten jeden Morgen zwanzig, dreißig Blocks gen Osten wandern, um eine Schule zu erreichen, die sie aufnahm. Trotzdem lebten Schwarz und Weiß weitgehend friedlich nebeneinander in Georgetown. Es wird erzählt, dass sich die Freizeitaktivitäten im Rose Park an der Ecke O und 26th Street nie an ethnische Grenzen gehalten haben. Als die Stadt den Spielplatz in den späten 1930er-Jahren erneuern ließ und zum krönenden Abschluss ein Schild »Nur für Farbige« aufstellte, habe es sofort Proteste gehagelt, und der Stein des Anstoßes wurde wieder entfernt.

Genau in diesen Jahren begann aber auch die Vertreibung der Schwarzen aus Georgetown. Wirtschaftsstimulierende Programme des amerikanischen Präsidenten Franklin Roosevelt zeigten ihre Wirkung. Immobilienmakler entdeckten die Attraktivität der historischen *townhouses*, eine Phase umfassender Restaurierung begann. Ärmere Mieter konnten sich die steigenden Preise nicht mehr leisten; weniger finanzstarke Hauseigentümer litten unter gestiegenen Grundsteuern oder konnten den hohen Geboten nicht widerstehen. Sie verkauften und zogen weg. Die Schwarzen, die alle zu den Minderbegüterten zählten, sind seither aus Georgetown verschwunden. Seit den 1950er-Jahren ist die Gegend weitgehend weiß.

Geblieben sind heute nur vier Kirchen, die vorrangig von afroamerikanischen Gläubigen besucht werden. Sie reisen extra aus den Vororten an, um ihre religiöse Tradition am gewohnten Ort aufrechtzuerhalten. Dazu gehört die Mount Zion United Methodist Church in der

29th Street, die älteste schwarze Gemeinde Washingtons. Sie diente im 19. Jahrhundert als Stützpunkt der Underground Railroad, einem losen Netzwerk, das entflohenen Sklaven half. Hier oder auch in der First Baptist Church am Rose Park werden übrigens fremde Besucher immer sehr freundlich aufgenommen. Andere Kirchen sind in weißen Besitz übergegangen. Tom und die Kinder haben zeitweilig die Holy Trinity Church in der O Street besucht. Der sonntägliche Gottesdienst lässt niemanden ahnen, dass dies einst die einzige Georgetowner Kirche für schwarze Katholiken war. Eher schon denkt man an ein Ereignis aus der jüngeren Geschichte: Es war die letzte Kirche, die John F. Kennedy besuchte, bevor er nach Dallas fuhr und dort erschossen wurde.

Für die meisten Wohngegenden gilt, ob Vorort oder Innenstadt: Schwarz und Weiß leben getrennt, gemischt wird selten. Wir haben in drei verschiedenen Gegenden der Stadt gewohnt und hatten nie schwarze Nachbarn, auch keine mexikanischen oder koreanischen. Das ist kein Zufall. Natürlich auch keine Absicht unsererseits. Die Rassentrennung erfolgt heute automatisch, Gesetze und diskriminierende Verbotsschilder sind überflüssig. Alle wissen einfach, wo ihr Platz ist. Washington ist, gesellschaftlich und kulturell gesehen, im Grunde immer noch eine geteilte Stadt. Klar, *downtown* in den Büros treffen sich alle: Man arbeitet zusammen, man klatscht und tratscht, man ärgert sich über den Chef, manchmal geht man gemeinsam zum Lunch. Doch nach Feierabend trennen sich die Wege. Da spielt nicht nur das Einkommen eine Rolle, sondern auch Hautfarbe und Abstammung. Schwarze und weiße Kollegen und Kolleginnen verbringen ihre Freizeit nicht gemeinsam. Sie besuchen unterschiedliche Kneipen und Konzerte. Die Freundeskreise überschneiden sich selten. Es gibt zwei öffentliche Radiostationen, direkt nebeneinander, eine fürs schwarze, eine fürs weiße Publikum, daneben unzählige verschiedene Privatsender für jede ethnische Gruppe und den entsprechenden Musikgeschmack. Es gibt Fernsehsender für Weiße, Fernsehsender für Schwarze, Bücher und Zeitschriften für Weiße, andere für Schwarze. Kirchen, Schulen, Friseure, Restaurants, Stadtviertel – in Washington ist fast alles *entweder* schwarz *oder* weiß.

Doch konnten wir während unserer zehn Jahre deutliche Veränderungen feststellen. Wiederbelebte, modernisierte Stadtviertel wie Shaw, Mount Pleasant und Adams Morgan nehmen heute alle ethnischen Gruppen auf, die hier friedlich miteinander auskommen. Vielen Stadtmenschen scheint gerade dieser Mix attraktiv. Sie sind nicht mehr so festgelegt auf ihre urtümliche Kultur, ihren Geschmack, ein bestimmtes Essen oder eine Musikrichtung. Sie lieben das Potpourri. So gibt es immer mehr Restaurants, mehr Clubs, die *chocolate*, *vanilla* und sonstige Hautfarben gleichermaßen anziehen. Eine Folge der ansonsten vielfach angeprangerten Gentrifizierung. Doch vorerst wird die bunte Vielfalt von nonkonformistischen Pionieren praktiziert. Vielerorts wird das Leben immer noch von unsichtbaren Barrieren geprägt.

Im Rahmen einer Recherche haben wir Jeanny Thornton, eine schwarze Journalistin, und ihren Mann, Paul Hankee, kennengelernt. Paul ist weiß. »Es gibt immer noch eine rote Trennungslinie«, befand sie. »Es passiert, dass ich mir ein Haus anschaue und man mir das Haus nicht verkaufen will. Ich könnte klagen, aber sie würden einfach an einen anderen Makler verweisen oder sagen: Schauen Sie sich doch mal unsere Häuser in der und der Gegend an. Meistens aber geht es ums Geld. Ansonsten

würde ich behaupten, dass der größte Teil der Rassentrennung, die es in Amerika noch gibt, selbst gewählt ist. Auf
der einen Seite wollen die Schwarzen nichts mit den Weißen zu tun haben und auf der anderen die Weißen nichts
mit den Schwarzen.« Als Jeanny Thornton einmal eine
neugierige weiße Freundin mitnahm zu einer Hausbe-
sichtigung, wurde diese von den schwarzen Maklerinnen
einfach ignoriert. Sie hatten kein Interesse, das Haus an
eine Weiße zu verkaufen. Und auch die neuen Bewohner
von Anacostia, die *gentrifier*, gestehen, dass Hautfarbe eine
Rolle spielt. So sagt Charles Wilson, ein junger Anwalt:
»Ich muss zugeben, wenn ein Haus zum Verkauf steht,
frage ich mich, ob mein neuer Nachbar wohl schwarz
oder weiß sein wird. Da ist eine Spur mehr Freude, wenn
ich herausfinde, dass es sich um einen erfolgreichen jungen Schwarzen handelt.«[2]

Vielleicht freut sich Charles Wilson einfach nur, weil
er einen Nachbarn mit ähnlichen Interessen bekommt,
so wie Familien mit kleinen Kindern meist gerne in einer
Nachbarschaft mit vielen kleinen Kindern wohnen. Vielleicht aber zeigt sich hier auch noch, dass die Wunden der
Vergangenheit nicht vollständig verheilt sind. Der Umgang miteinander ist nicht selbstverständlich. Wenn nicht
Schuld und Vorwürfe im Raum stehen, so bleibt doch
trotzdem fast immer eine Scheu; Zurückhaltung und Un-
sicherheit bestimmen das Verhältnis der Rassen noch oft
genug. Nicht zuletzt deshalb hat es wohl so lange gedauert, bis endlich die offizielle Verarbeitung auch dieses Teils
der Geschichte beginnen kann. Und wo? Im Herzen der
Hauptstadt, auf der National Mall, entsteht ein afroame-
rikanisches Museum.

Die Idee stammt eigentlich schon aus den Anfängen
des 20. Jahrhunderts, konnte sich aber trotz mehrmali-

ger Anläufe nicht früher durchsetzen. Die Mall sei schon überfüllt, war ein – sicher vorgeschobenes – Argument der Gegner.[3] Doch jeder andere Standort erschien den Befürwortern ein Ort zweiter Wahl und damit gänzlich unannehmbar.

Wenn der Kongress den Afroamerikanern sein Okay für dieses Museum gebe, brachte ein republikanischer Senator vor, wie könne er dann ein ähnliches Anliegen der *Hispanics* ablehnen. Und wo höre das dann auf? Eine Gruppe nach der anderen könnte kommen und dasselbe Recht für sich in Anspruch nehmen. (In der Tat, es wird bereits über ein Latino-Museum diskutiert.) Die Einwände konnten das Projekt nicht ewig verhindern. Schließlich stimmte 2003 die Mehrheit des Kongresses für ein National Museum of African American History and Culture. Sein Standort ist direkt neben dem Washington Monument und all den anderen Museen und Denkmälern von nationalem Rang und Namen.

Als Direktor wurde Museumskurator Lonnie G. Bunch bestellt. Der hatte zum Einstieg gleich eine Geschichte parat, die zeigt, wie sehr sich die Zeiten geändert haben. In den späten 1970er-Jahren, als Lonnie Bunch im National Air and Space Museum arbeitete, beschwerten sich schwarze Veteranen, ihre Rolle im Zweiten Weltkrieg werde von dem Museum heruntergespielt. Das Museum bat daraufhin seine schwarzen Angestellten, unter ihnen Lonnie Bunch, ihre Gesichter auf Vorführpuppen und Bildern nutzen zu dürfen, um die schwarze Präsenz in der Ausstellung zu steigern. Bunch lehnte ab. »Auf diese Art und Weise wollte ich nicht Teil eines Museums sein«, erklärte er der *New York Times*. Vier Jahrzehnte später hat er eine weitaus bessere Rolle. Aber auch mehr Probleme.

Fünfhundert Millionen Dollar soll das Gebäude kosten, die Hälfte muss Bunch durch private Spenden aufbringen. Und dann: *Wie* will er die Geschichte der Afroamerikaner erzählen? Soll der Schwerpunkt auf Sklaverei und Rassismus liegen, soll die historische Bürde, die Unterdrückung der Schwarzen im Vordergrund stehen? Oder sollte man eher die positiven Seiten beleuchten, also die schwarzen Helden, Bürgerrechtler und Künstler feiern? Der Kongress möchte gern den Versöhnungsgedanken hervorgehoben wissen. Aber was macht man mit den vielen möglichen Ausstellungsobjekten, die eher empören als zusammenführen? Lonnie Bunch hat noch sehr viele Entscheidungen zu treffen. »Das wird kein Museum von Afroamerikanern für Afroamerikaner«, betont er. »Es ist wichtig, die afroamerikanische Kultur wie eine Linse zu nutzen, um zu verstehen, was es bedeutet, Amerikaner zu sein.«

Auch praktische Probleme tun sich auf. Da die Einrichtung des schwarzen Museums recht spät erfolgt, sind wichtige Objekte längst in anderen Ausstellungen untergebracht, und die Aussteller wollen sie jetzt nicht herausrücken. Das National Museum of American History zum Beispiel besitzt eine Menge von Gegenständen, die Geschichte und Kultur der schwarzen Bevölkerung darstellen. Aber es befürchtet, als rein weißes Museum zurückzubleiben, wenn es einen Teil seines Bestandes abtreten würde. Also zieht Lonnie Bunch durchs Land und sucht nach bisher unentdeckten Schätzen. Dafür stehen ihm nur fünfhunderttausend Dollar zur Verfügung in einer Zeit, in der einzelne historische Dokumente und Artefakte zu Spitzensummen gehandelt werden.

Nicht nur das zentrale Museum kommt recht spät. Insgesamt ist die Wiederentdeckung des historischen Beitrags der Afroamerikaner zur Entwicklung der Vereinigten Staaten eine eher neue Erscheinung. Selbst in einer schwarz geprägten Stadt wie Washington D. C. schien die Zeit lange nicht reif dafür, schwarze Geschichte und Kultur als wesentlichen Bestandteil der Nation zu begreifen. Scham, Wut und Schuldgefühle erklärten diesen Teil der Gesellschaft zur Tabuzone: unangenehme Themen, denen man lieber aus dem Weg ging. Und zum Teil ist das immer noch so. Martin Luther King bekam erst kürzlich ein Denkmal gesetzt; es wurde 2011 eingeweiht, über vierzig Jahre nach seiner Ermordung. Erst Ende der 1990er-Jahre machten sich Stadthistoriker daran, einen African American Heritage Trail (einen Pfad, der auf entsprechend bedeutende Menschen, Plätze und Ereignisse hinweist) zu erarbeiten. In akribischer Kleinarbeit haben sie inzwischen eine Liste denkwürdiger Gebäude zusammengestellt, die kontinuierlich wächst und inzwischen so lang ist, dass ein Außenstehender gar nicht mehr weiß, wo er mit Besichtigungen anfangen und aufhören soll. Eine DC Slavery Tour führt seit einiger Zeit zu jenen Orten, die etwas über das Schicksal der unterjochten Schwarzen zu erzählen haben.

Ein Produkt des neuen historischen Bewusstseins ist das African American Civil War Memorial, das an genau zweihundertneuntausendhundertfünfundvierzig Afroamerikaner erinnert, die in den Unions-Truppen für die Freiheit und gegen die Sklaverei gekämpft haben, natürlich nicht Seite an Seite mit weißen Kameraden, sondern in eigenen Colored Troops, farbigen Regimentern mit weniger Rechten. Der District of Columbia hatte die Sklaverei zwar bereits ein Jahr nach Kriegsbeginn abgeschafft, war von Gleichberechtigung aber noch weit, weit entfernt. So fiel kaum jemandem auf, dass zur großen Parade gegen Ende des Krieges kein einziges schwarzes Regiment eingeladen war. Nur weiße Soldaten zogen vorbei am Kapitol und am Weißen Haus. Das Denkmal ist leicht zu finden, ist doch eine Metrostation nach ihm benannt: U Street/ African-American Civil War Memorial/Cardozo. Dieser Bandwurm ist tatsächlich der offizielle Name und damit die ultimative Würdigung lang vergessener Heldentaten.

Wenn wir – trotz des Namens – hier aussteigen, befinden wir uns im Shaw District, benannt nach Colonel Robert Gould Shaw, einem weißen Offizier, der ein schwarzes Regiment durch den Bürgerkrieg führte. Militärzelte waren die ersten Behausungen, die hier in Wäldern und auf Wiesen errichtet wurden. Wenige Jahre später entstand auf diesem Grund und Boden eine afroamerikanische Universität, die Howard University, die so berühmte Persönlichkeiten wie die Literaturnobelpreisträgerin Toni Morrison sowie die Sängerinnen Roberta Flack und Jessye Norman hervorbringen sollte. In der nahe gelegenen U Street eröffneten Bars und Clubs. Hier entstand – lange vor der Renaissance Harlems in New York – der Black Broadway, der viele schwarze Talente anzog. Duke Ellington, weltbekannter Jazzpianist, wurde hier geboren (1899), heute verewigt in einem haushohen Mauergemälde. Von den 1920er- bis in die 1950er-Jahre traten die besten Musiker und Entertainer auf den Bühnen des Howard Theater sowie in den zahlreichen Nachtclubs auf, unter ihnen Nat King Cole und Miles Davis. Das zog – in einer Zeit, die geprägt war von Rassentrennung – auch viele weiße Gäste an. Sie wussten: Auf dem Schwarzen Broadway gab es die heißeste Musik und die neuesten Tänze. Ausgerechnet dieses reiche kulturelle Erbe wurde 1968 durch den Aufstand der schwarzen Bürgerrechtsbewegung zerschlagen.

Ein prominenter Washingtoner Sprecher der Bewegung war damals Marion Barry, Präsident eines gewaltfreien Studentenkomitees. Elf Jahre später wurde ebendieser Marion

Barry zum Bürgermeister der amerikanischen Hauptstadt gewählt. Angesichts der Zerstörungen von Häusern und Geschäften konstatierte er 1968, weiße Unternehmen gehörten eben nicht in afroamerikanische Nachbarschaften; die Regierung solle dort nur noch Schwarzen erlauben, Geschäfte zu eröffnen. Marion Barry brachte es auf vier Amtszeiten als Bürgermeister, obwohl er sich nach und nach als kleiner Berlusconi des District of Columbia entpuppte. Ein heimlich aufgenommenes Video, das Barry 1990 beim Kokainrauchen in einem Hotelzimmer zeigt, geht um die Welt. Trotzdem wurde er wiedergewählt. »Wer Washington D. C. verstehen will, muss Marion Barry verstehen«, konstatierte ein Reporter der *Washington Post* kategorisch.

Bei Barrys Amtsantritt 1979 ist die große Mehrheit der Wähler afroamerikanisch. Die Mehrheit der Weißen ist natürlich skeptisch, wenn nicht gar ängstlich. Doch erwirbt sich der Kandidat aus der Bürgerrechtsbewegung in seiner ersten Amtszeit Anerkennung und Lob von vielen Seiten. Er gilt als kompetent und effizient, vor allem weil er es schafft, die Wirtschaft im Distrikt auf Trab zu bringen und die Finanzen etwas besser in den Griff zu bekommen – soweit das in dieser Stadt überhaupt möglich ist. Er kurbelt den sozialen Wohnungsbau an und bestimmt, dass die Verwaltung bei ihren Aufträgen von Minderheiten geführte Firmen berücksichtigen muss. Eine gut gemeinte Maßnahme, die aber später zu unkontrollierter Begünstigung und Vetternwirtschaft führt. Es profitieren nämlich nicht viele Unternehmen davon, sondern am Ende nur die, die besondere Beziehungen zur Stadtverwaltung haben. Barry bekämpft die Arbeitslosigkeit, indem er Jobs in öffentlichen Einrichtungen und Behörden schafft. Am Ende hat keiner mehr den Überblick, wie viele Leute eigentlich auf der Lohnliste der Stadt stehen. Das Haushaltsdefizit steigt in katastrophale Höhen. Anscheinend ist der Bürgermeister selbst darüber so unglücklich, dass er sich mit Frauen, Alkohol und Drogen trösten muss. Es ist die Zeit, in der nicht nur Barry, sondern ganze Stadtviertel im Drogenrausch dahinvegetieren. FBI und Polizei sind dem Bürgermeister schon seit sechs Jahren auf den Fersen, als er 1990 schließlich in eine Falle tappt und auf frischer Tat beim Koksen erwischt und gefilmt wird. »Bitch set me up«, stammelt Barry bei der Festnahme. »Die Schlampe hat mich in eine Falle gelockt.« Das ist deutlich zu hören auf dem Überwachungsvideo, das um die Welt geht. Wegen geringfügigen Drogenbesitzes wird er zu sechs Monaten Haft verurteilt.

Während des Verfahrens bleibt er tatsächlich im Amt und stellt sich sogar wieder für den Stadtrat zur Wahl. Aber so weit reicht die Loyalität der Wähler dann doch nicht, er verliert. So hat er erst mal Zeit und Muße, seine Strafe abzusitzen. Unerschütterlich überzeugt von seinen Stehaufmännchenqualitäten stellt er sich – kaum entlassen – sofort wieder zur Wahl, diesmal mit dem Slogan: »Er mag nicht perfekt sein, aber er ist perfekt für D. C.« Auf jeden Fall das perfekte Motto für seine Fans. Die scheint es nicht zu stören, dass er immer wieder mit dem Gesetz in Konflikt gerät und seine Drogenabhängigkeit nicht in den Griff bekommt. »Nobody is perfect!« Das tröstet über menschliche Unzulänglichkeiten hinweg, die jeder aus dem eigenen Alltag kennt. Marion Barry ist einer von ihnen. Seine politische Heimat ist der Ward 8, ein Wahlbezirk, der Anacostia und andere der ärmsten Stadtviertel einschließt.

Barrys vierte Kandidatur wird genau in jener Zeit verkündet, als wir zum ersten Mal nach Washington ziehen. »Bitch set me up« ist in aller Munde, das Video wird permanent wiederholt. Wir staunen nicht schlecht, dass da ein Drogenabhängiger, geradewegs aus dem Knast kommend, Bürgermeister unserer neuen Heimatstadt werden will – und dann auch noch Erfolg hat. Marion Barry wird tatsächlich zum vierten Mal Bürgermeister. Unser erster Aufenthalt in D. C. entspricht ungefähr seiner Amtszeit. Sein Charisma hat sich uns nie ganz erschlossen. Vielleicht hätten wir ihn in seinen Anfängen erleben müssen. Jetzt, 1994, ist die Stadt so gut wie bankrott und deswegen im Grunde unregierbar. Auf öffentliche Dienstleistungen kann man sich nur beschränkt verlassen. Wir erinnern uns etwa an den Winter 1996. Ein Schneesturm hatte die Stadt lahmgelegt. Es dauerte Tage, bis die wichtigsten Straßen geräumt waren. Unsere Nachbarn fuhren auf Skiern die Wisconsin Avenue, eine wichtige Nord-Süd-Verbindung, hinunter. Lieferungen an die umliegenden Geschäfte blieben aus. Wir klapperten wie alle Eltern von kleinen Kindern die Läden ab auf der Suche nach frischer Milch. Es gab keine, und bald war auch die haltbare ausverkauft. Ein paar Tage vorher hatten wir uns noch heimlich lustig gemacht über die Hamsterkäufe der besorgten Amerikaner, die hoch beladene Einkaufswagen zu den Kassen der Supermärkte fuhren. Jetzt wünschten wir, wir hätten besser auf die alarmierenden Wetterberichte gehört. Denn es stellte sich heraus, dass viele Räumfahrzeuge nicht funktionstüchtig waren. Die Stadt hatte kein Geld, um sie zu pflegen und zu reparieren. Die O Street, in der wir wohnten, keine Hauptverkehrsader, aber eine durchaus befahrene Anwohnerstraße mitten in Georgetown, wurde nie geräumt. Wir warteten einfach, bis der Schnee schmolz.

Der Kongress jedenfalls traut Marion Barry nicht mehr über den Weg und zieht die Macht an sich, wozu er aufgrund des besonderen Hauptstadt-Status befugt war. Am

Ende hat der Bürgermeister nur noch das Sagen in den Abteilungen Parks und Erholung, Tourismus und öffentliche Bibliotheken. Ein schwarzer Bürgermeister wird entmachtet; natürlich wird der Vorwurf »Rassismus« laut. Einen wirklichen Aufruhr gibt es nicht, das Haushaltsfiasko kann niemand ernsthaft abstreiten. Marion Barry gibt auf und tritt nicht wieder an, jedenfalls nicht als Bürgermeister. Wohl aber lässt er sich im Ward 8 noch mehrmals in den Stadtrat wählen, mit Ergebnissen, die wir sonst nur von Scheinwahlen in Diktaturen kennen: Zweiundneunzig Prozent der Wählerstimmen erreicht er beim letzten Mal, 2005. Und mit Sicherheit wurde niemand gezwungen, ein Kreuz für Barry zu setzen. Seinen vielleicht größten Sieg erringt Marion Barry allerdings ganz woanders: im Washingtoner Wachsfigurenkabinett von Madame Tussaud. Eine deutliche Mehrheit der Besucher setzt ihn dort auf die Top-Ten-Wunschliste. Er überflügelt prominente Kandidaten wie Marilyn Monroe, Oprah Winfrey, Denzel Washington und Al Gore. Das muss man erst mal schaffen!

Marion Barry, die Ikone der Chocolate City, ist nun Teil der Geschichte. Jetzt prägt ein anderer das Bild der Stadt. Nicht der neue Bürgermeister, nein, der erste schwarze Präsident des Landes, Barack Obama. Am euphorischsten wurde er nach seiner Wahl im November 2008 wohl dort gefeiert, wo 1968 die Aufstände der jungen Schwarzen am heftigsten wüteten: in der U Street. Wieder beherrschten die Massen die Straße, diesmal singend und tanzend. Mehr Tohuwabohu als Krawall. Freude und Triumph statt Empörung. Und es waren beileibe nicht nur Schwarze. Über neunzig Prozent der Wählerinnen und Wähler in D. C. hatten für Barack Obama gestimmt. Er ist nun der erste Präsident, der einen Hotdog und Pommes frites in Ben's Chili Bowl verdrückte, ein geradezu historisches

Ereignis. Ben's Chili Bowl ist nämlich eins der wenigen Kleinunternehmen im Shaw District, die die Aufstände von 1968 überlebt haben.

Gegründet wurde das Restaurant 1958 von Ben Ali, einem Einwanderer aus Trinidad, und seiner Frau Virginia. Das Gebäude war ursprünglich ein Stummfilm-Theater und Ben Ali Zahnmedizin-Student an der Howard University. Nach einem Unfall konnte er sein Studium nicht fortführen und schlug sich zunächst als Taxifahrer und Makler durch, eröffnete einen orientalischen Andenkenladen, bis er schließlich auf die Idee kam, Chili Dogs, Chili Burgers und Chili Fries zu verkaufen. Während der 1968er-Aufstände bediente er die schwarzen Aktivisten ebenso wie Polizisten und Feuerwehrmänner. Der originale Chili Half-Smoke, ein Räucherwürstchen halb aus Rind, halb aus Schweinefleisch, auf einem warmen *bun* (Brötchen), mit Senf, Zwiebeln und hausgemachter Chilisoße, war bei allen gleichermaßen beliebt. »Soul Brother« schrieb er groß an sein Schaufenster, in der Hoffnung, der Mob würde vorbeiziehen. Er überstand die gewalttätigen Zeiten.

Als in den folgenden Jahren die Gegend vom Drogenhandel beherrscht wurde, hörte er auf, Kuchen zu servieren, denn das zog die Drogenabhängigen an. Das Geschäft lief noch, aber schlecht. Es gab nur noch einen Angestellten. Dann kam noch eine schwere Phase. Vor seiner Tür wurde an neuen Metro-Schächten gebaut. Die Straße war jahrelang eine einzige Baustelle, alles aufgerissen und matschig; Geschäfte und Restaurants konnten nur über Brettersteige erreicht werden. Die Bauphase dezimierte die Anzahl der Kleinunternehmen noch einmal, bevor die Anbindung an das Metro-Netz letztendlich zum Aufschwung führte.

Ein kleiner *diner* mit rotgelb leuchtender Fassade hatte wie ein gallisches Dorf all die düsteren Jahrzehnte überlebt und feierte im Sommer 2008 seinen fünfzigsten Geburtstag mit einer Gala (Eintritt frei) und einem Straßenfest, unter den Gästen Bill Cosby und Roberta Flack. Einige Monate später kam dann der Präsident höchstpersönlich und verdrückte einen Chili Half-Smoke. Spätestens mit diesem Besuch gelangte Ben's Chili Bowl zu Weltberühmtheit und ist nun auf dem besten Wege, sich im Pflichtprogramm für Staatsbesuche zu etablieren. Auch Nicholas Sarkozy und Carla Bruni konnten nicht umhin, Ben's Half-Smokes zu probieren. Ben Ali starb einige Monate nach Obamas Visite. Seine Söhne, Ali und Kamal, betreiben nun das modernisierte Chili Bowl Imperium. Ben's Chili Bowl ist zum Markennamen geworden. Ein Online-Versand schickt die Chiliprodukte direkt ins Haus. Neben dem ursprünglichen *diner* eröffnete Ben's Next Door, eine Sportbar mit großen Flachbildschirmen. Im zweiten Stock ein Andenkenladen mit T-Shirts, Taschen und Hüten mit Bens Logo. Aber das ursprüngliche Ben's soll ewig bleiben, wie es ist, versprechen Ali und Kamal, mit seinen Möbeln aus den 1950er-Jahren und der hausgemachten Chilisoße.

Afroamerikaner haben die zentralen Plätze der Stadt erobert: mit Ben's Chili Bowl den Spitzenplatz in der Liste der berühmtesten Restaurants, mit dem Präsidenten das Weiße Haus, mit dem schwarzen Museum die Mall, mit eigenen Denkmälern und Events die Tourismusbranche. Und ausgerechnet jetzt schwindet die schwarze Mehrheit in der Stadt! »Geht die schwarze Identität Washingtons verloren?«, fragen lokale Journalisten besorgt. Andere stellen nüchtern fest, dass das doch schon längst geschehen sei. Chocolate City habe schon lange seinen magischen Charme eingebüßt. Manchen schwarzen Einwohnern macht diese Perspektive sogar Angst. Sie fürchten, eine neue Generation von Weißen, die sich mehr für Hundeparks und Fahrradwege als für Bürgerrechte interessiere, könnte künftig die Politik der Stadt prägen. Einer bleibt ganz ruhig, nämlich der Washingtoner Schriftsteller Ethelbert Miller, selbst Afroamerikaner. Er kommentiert die demografischen Entwicklungen lakonisch und entspannt: »Nun ja, Schokolade schmilzt.«

[1] Ein Bericht von Alex Kellogg im NPR (Radiosender) 15.2.2011

[2] Laut *Washington Post*, 29.7.2011

[3] *New York Times*, 22.1.2011

Colony of Aliens

Die Weltstadt

Ein imposanter, reich verzierter Bogen, handbemalt mit über zweihundertsiebzig Drachen, bedeckt von geschwungenen Dächern, führt nach Chinatown. Der Friendship Arch an der Kreuzung 7th und H Street wurde 1986 erbaut und erst kürzlich für dreihunderttausend Dollar restauriert. Befreit vom Ruß der Stadt, strahlt das Tor wieder in schillernden Farben – rot, lila, hellgrün und gold. Obendrein ist es nun des Nachts erleuchtet und noch aus vier Blocks Entfernung zu erkennen. Der Schein reicht weit über Chinatown hinaus. Welches Chinatown eigentlich?

Nur noch knapp fünfhundert chinesische Immigranten leben in diesem Viertel, die Hälfte von ihnen in einem zehngeschossigen Betonklotz in der 6th Street, dem Wah Luck House. Einmal im Monat hält ein gecharterter Bus vor dem Apartmentkomplex, ein paar Dutzend Chinesen steigen ein, ausgerüstet mit Taschen und Rucksäcken.[1] Die Fahrt geht nach Falls Church, ein Vorort in Virginia, eine halbe Stunde und fünfundzwanzig Kilometer entfernt. Das Ziel ist der Great Wall Supermarket, der Große-Mauer-Supermarkt. Dorthin müssen die Bewohner Chinatowns fahren, um kochen zu können wie zu Hause. Sie decken sich ein mit Senfkohl, Bambussprossen, getrockneten Algen und Quallen, Ente und Reiskeksen. In den 1990er-Jahren, da gab es all das noch in mehreren kleinen Märkten Chinatowns. Nach dem Bau des Verizon Center, einer Sportarena, in der 7th Street haben die chinesischen Eigentümer nach und nach aufgegeben. Die Ladenflächen wurden übernommen von großen nationalen Ketten.

Es ist schon der zynische Vorschlag gekommen, den farbenfrohen Friendship Arch nach den Geschäften zu seinen Füßen in Starbucks-Fuddruckers-Bogen[2] umzubenennen. Aus Chinatown wurde eine China-*Straße*; geblieben ist nicht viel mehr als eine China-*Ecke* mit einem Dutzend chinesischer Restaurants, die mehr oder weniger authentisches Essen servieren. Die Einwohner denken leicht melancholisch an die alten Zeiten, doch gleichzeitig sind sie sehr erleichtert, dass die Gegend wesentlich sicherer und sauberer geworden ist. Die Gentrifizierung treibt nicht zuletzt die Einwanderer aus der Stadt, und so mancher fürchtet, dass damit auch die Farben verschwinden und das Leben grauer wird.

Aber das ist ja nur die eine Seite des internationalen Lebens in der Stadt. Auf der anderen bleiben die Etablierten, die aus allen Ländern der Welt in die Hauptstadt der Supermacht entsandt werden. Die Weltbank und der Internationale Währungsfond haben in D. C. ihre *headquarters* mit Angestellten aus vielen verschiedenen Nationen. Journalisten von allen Kontinenten arbeiten in der Stadt für Fernsehen, Funk und Printmedien. Unzählige Nichtregierungsorganisationen unterhalten hier Büros, um für ihre vielfältigen Anliegen zu werben. Und nicht zuletzt sind ungefähr hundertachtzig Länder mit ihren Botschaften vertreten, das sind mehr Botschaften als an irgendeinem anderen Ort der Welt. All diese Menschen prägen das Gesicht Washingtons. Sie sorgen nicht nur für politische Debatten von internationaler Bedeutung, sondern auch für abwechslungsreiche Musik, Kunst und Küche. Und übrigens, nicht nur prägen die Menschen die Stadt, auch werden sie umgekehrt von der Stadt geprägt. Es ist auffällig, wie schnell sich auch der letzte Muffel dem freundlichen Umgangston, der hier vorherrscht, anpasst.

Fast die Hälfte der Botschaften befinden sich zwischen 16th Street und Wisconsin Avenue in der Massachusetts Avenue, die deshalb auch Embassy Row genannt wird. Die oft palast-ähnlichen Botschaftsgebäude mit ihren Säulen und Türmen ließen wohlhabende Amerikaner nach 1900 errichten, um sie als Stadtvillen zu nutzen. Die wirtschaftliche Depression der 1920er-Jahre zwang viele Eigentümer, ihren Besitz aufzugeben. Die Millionaire's Row verfiel, bis nach dem Zweiten Weltkrieg der Stern der Vereinigten Staaten aufstieg und immer mehr Nationen unbedingt in der Hauptstadt der neuen Supermacht vertreten sein wollten. Sie kauften die prächtigen Häuser, bauten an und um, ergänzten Glasfronten, Brunnen und Statuen. Manche bauten auch ganz neu. So präsentieren sich die Botschaften heute auf sehr unterschiedliche Weise: vom viktorianischen Herrenhaus bis zum futuristischen Glaskasten, vom orientalischen Stadtpalast bis zum Betonklotz. Zwei mächtige Marmorelefanten bewachen die indische Vertretung. Vor der norwegischen winkt Kronprinzessin Martha, eine der wenigen Frauenstatuen in der Stadt. Manche behaupten auch, sie rufe gerade ein Taxi. Vor der britischen Botschaft grüßt Sir Winston Churchill mit dem Victory-Zeichen, während er in der anderen Hand die unvermeidliche Zigarre hält, übrigens Stein des Anstoßes, als das Standbild 1966 errichtet wurde. Einigen erschien die Zigarre als unwürdig. Heute würden die Kritiker bestimmt Verbündete unter den militanten Nichtrauchern finden. Ein Trip durch die Embassy Row ist wie eine kleine Weltreise. Wenn Sie eine Flotte von Limousinen sehen, dann wird bestimmt gerade ein Nationalfeiertag begangen. Wenn Sie lautes Rufen und Hupen hören, dann demonstrieren wahrscheinlich Ausgewanderte gegen die Regierungspolitik ihres Heimatlandes.

Botschaften in Washington sind nicht einfach Botschaften. Sie wollen nicht nur den Amerikanern, sondern der Welt etwas erzählen über ihr Land und ihren Lifestyle. Sie wissen, dass sie auf der Mass. Avenue (so sagen Insider, um den Namen, der fast so lang ist wie die Straße selbst, abzukürzen) von Touristen aus aller Welt beäugt und bewundert werden. All den Luxus leisten sich viele Länder zu puren Repräsentationszwecken. Die wahren diplomatischen Geschäfte, die Vertretung ihrer wirtschaftlichen und politischen Interessen überlassen nicht wenige inzwischen Experten, die etwas davon verstehen und die es in Washington zuhauf gibt: Sie überlassen das Geschäft den Lobbyisten.

Natürlich sind die meisten Botschaften nicht öffentlich zugänglich, aber einige organisieren ein-, zweimal im Jahr Kunstausstellungen, Kultur- oder Musik-Veranstaltungen, die jedem einen Besuch ermöglichen. Regelmäßig gibt es eine *embassy tour*, meist im Mai, die einen Rundgang durch verschiedene Gebäude erlaubt. Die größeren laden hin und wieder zu Empfängen, natürlich nur einen auserwählten Kreis. Lang, lang ist's her, da war die iranische Botschaft berühmt für ihre glitzernden Feste. »Der jüngste Champagner, den wir servieren, ist ein Dom Perignon 1969«, hieß es auf den großzügigsten Partys der Stadt. Dann wurde der Schah gestürzt, der iranische Botschafter gefeuert (da war der »jüngste Champagner« erst zehn Jahre alt). Das brachte zwar keineswegs die Demokratie in den Iran, aber das Ende für die pompösen Feiern.

Nach einem Regierungswechsel im Heimatland – meist nicht durch Revolution, sondern durch Wahlen – heißt es für die Diplomaten: Koffer packen. Die wenigsten geben ihren Posten in D. C. gerne auf. Das ist beachtlich angesichts der Tatsache, dass es mal eine Tropenzulage für Diplomaten gab, die in das unwirtliche sumpfige Gebiet geschickt wurden. Nach der Erfindung der Klimaanlage wurde diese Sonderzuwendung eingestellt. Die Stadt gleicht in den Sommermonaten einer Freiluft-Sauna, was allerdings die Finnen nicht davon abhält, enthusiastisch für ihre Saunakultur zu werben. Einmal erhielten wir eine diplomatische Einladung zum Büfett mit Saunagang. Na, das war ein Spaß! Nicht nur die Sauna, sondern die Diskussionen vorher unter den geladenen Damen und Herren: Oje, mit nassen Haaren und erhitzten Wangen ans Büfett? Und überhaupt, die Finnen gehen doch nackt in die Sauna … Das ist in den USA absolut unmöglich, selbst wenn Männlein und Weiblein strikt getrennt saunieren! Die Finnen waren einfühlsam genug, ausreichend Textilien bereitzulegen, Handtücher und Frottee-Röckchen, und so wurde es am Ende ein sehr gelungener und gemütlicher Empfang.

Die wohl modernste diplomatische Vertretung in D. C. und eine der jüngsten (erst 2002 eingerichtet) unterhält Liechtenstein, auf Amerikanisch sprich: Licktenschtein. Das muss erwähnt werden, denn die Liechtensteiner Botschafterin Claudia Fritsche war ein paar Jahre unsere Nachbarin und residierte in einem charmanten Naturstein-Haus am Ende unserer Straße, so wie man eben in Washington nett und gediegen wohnt: Draußen eine Auffahrt mit ordentlich getrimmten Büschen und rosaroten Azaleen, drinnen schwere Stoffe, olivgrün oder beige gestrichene Wände, Messingklinken und antiquarische Möbel. Inzwischen ist die Botschaft des winzigen Fürstentums umgezogen in eine weitläufige Suite in der K Street. Der Neubau an der *waterfront* in Georgetown ermöglicht Repräsentation und Lobbying im Doppelpack. Draußen eine riesige, geradlinige Terrasse mit Blick auf den Potomac (der Nachbar unterhält gleich nebenan einen Pool auf seinem »Balkon«). Drinnen hochmodernes, minimalistisches Design, helle und dunkle Farben im Kontrast. Zeitgeistige Werbeagentur statt schnörkeliger Adelsvertretung. Die Washingtoner Gesellschaft ist traditionell ans Barocke bis Viktorianische gewöhnt, kennt so klare Linien und gerade Formen nur aus modernen Restaurants und Boutique-Hotels. Da entweicht so manchem Gast schon mal ein überraschtes »Oohh!«, wenn die Gesandte Licktenschteins zum Empfang lädt.

Die Washingtonians lieben ihre Diplomaten, weil sie die Stadt bunt und lebendig machen. Es gibt wohl keine Landesküche, die hier nicht vertreten ist, denn schließlich sehnen sich die Gesandten so fernab von zu Hause nach Mamas Kochkünsten. Deshalb ist das Essen mitnichten auf Pfannkuchen zum Frühstück und Hamburger zum Lunch beschränkt. Hier finden wir alles, Körnerbrot und Bio-Gemüse, Restaurants jeder Herkunft: syrisch, russisch, peruanisch, vietnamesisch, koreanisch, japanisch – was immer das Herz begehrt. Und zwar jeweils in allen Preisklassen. Es gibt moderne Fischrestaurants wie Hank's Oyster Bar und das BlackSalt, indische Feinschmecker-Restaurants wie das Rasika, italienische wie das Palena. Bei Nora wird vegetarisch gegessen, im Obelisk geht's romantisch zu, im Bistro Lépic französisch. In der Lebanese Taverna am Zoo ist alles einfach gehalten, aber äußerst schmackhaft, und im Comet Ping Pong werden verführerische riesige Pizzen auf Tischtennisplatten serviert. Was will man mehr? Die internationale Einwohnerschaft der Stadt zieht Spitzenköche aus aller Welt an, auch ehrgeizige Nachwuchstalente, die ihr Glück versuchen wollen. Dass in der Küche vielleicht ein illegaler Einwanderer das Gemüse wäscht und schnippelt, sehen wir beim Essen natürlich nicht.

Wer ohne Diplomatenpass in die Hauptstadt einreisen will, muss Hürden nehmen. Die USA nehmen für sich in Anspruch auszuwählen, wen sie unter welchen Bedingungen ins Land lassen. Aus reiner Großzügigkeit geschieht das nicht. Die Auswahl erfolgt nur zum Teil nach Mitleidskriterien – etwa bei Flüchtlingen – und ansonsten aus purem Eigennutz. Wird ein Beruf gebraucht, dann öffnen sich die Grenzen; Spezialisten und gut Ausgebildete haben Vorrang. Außerdem gibt es Quoten für verschiedene Erdteile und Länder: eine festgesetzte Anzahl von Aufenthalts- und Arbeitsgenehmigungen für eine bestimmte Region, und dann ist Schluss. Nächstes Jahr kann man es wieder probieren. Wer schon einmal versucht hat, eine Greencard zu bekommen, der weiß, wie hoch die Hürden sind.

Deutsche Freunde von uns lebten schon viele Jahre in Washington. Ihre Tochter war dort geboren worden, sie bezahlten ein Haus ab. Beide arbeiteten, der Mann war selbstständig. Als ihre Aufenthaltsgenehmigung auslief, mussten sie eine Verlängerung beantragen, aber nicht etwa auf amerikanischem Boden. Dann hätten sie ja im Falle einer Ablehnung untertauchen können. Also musste die gesamte Familie ausreisen und in Deutschland die Entscheidung abwarten – während von ihrem Konto weiter die Raten für das Eigenheim in Washington abgebucht wurden. Sie fassten das ironisch so zusammen: »Die amerikanische Regierung macht es einem schwer, ins Land zu kommen, aber wer diese Hürde genommen hat, zu dem sind die Menschen freundlich. In Deutschland ist es umgekehrt.« Das war natürlich eine sarkastische Zuspitzung, aber mit wahrem Kern: Es ist sehr schwer, in die Vereinigten Staaten eingelassen zu werden, aber wer einmal drin ist, hat schnell das Gefühl, willkommen zu sein und dazuzugehören. Familien, die – wie wir – in die USA entsandt werden, sei es auch nur für wenige Jahre, stellen fest, dass ihre Kinder schnell zu kleinen Amerikanern werden: Sie antworten nur noch auf Englisch und fühlen sich dort zu Hause. Mehr noch: Sie haben den Drang, sich anzupassen. Sie tun freiwillig, was Zuwanderer in Deutschland oft als Zwang empfinden und ablehnen. Sie passen sich dem gesellschaftlichen Minimalkonsens an, und sie lieben ihre neue Heimat.

Amerika ist gewiss kein Paradies der Integration, auch hier gibt es Probleme und Vorurteile gegenüber Migranten. In einschlägigen Blogs steigern sie sich sogar bis zur Fremdenfeindlichkeit. Einer beschwert sich da, Flüchtlinge bekämen mehr Sozialhilfe als amerikanische Rentner; ein anderer schäumt, dass illegale Einwanderer den Staat Milliarden Dollar kosteten. Es entsteht der Eindruck, die Zuwanderer bekämen das Geld in die Hand gedrückt; dabei rechnet der wütende Bürger die Kosten für Schulen und Gefängnisse zusammen – Einrichtungen, in denen sich unter anderen Migranten befinden. Seit Nine Eleven hat sich insbesondere die Stimmung gegenüber Muslimen verschlechtert. Die meisten Muslime sind Einwanderer. Die Moscheen, die sie besuchen, werden in der Mehrzahl geleitet von eher fundamentalistischen Imamen, die in arabischen Ländern ausgebildet wurden und mit der amerikanischen Kultur nicht vertraut sind. Das erleichtert nicht gerade die Annäherung und bestärkt stattdessen die Zerrissenheit der jungen nicht orthodoxen Moscheebesucher.

Fawaz Ismail kam schon vor Jahrzehnten aus Palästina in die USA.[3] Er nannte sich Tony und nahm als Teenager die amerikanische Staatsbürgerschaft an. Er eröffnete einen Flaggenladen in der Nähe Washingtons und fühlte sich als Amerikaner, bis zum 9. September 2011. Seither fühlt er sich nicht mehr als einer von ihnen, denn er spürt Skepsis und Misstrauen. Er sieht die fragenden Blicke: »Ist er wirklich einer von uns?« und fühlt sich zurückgewiesen. Er reagiert auf seine Weise, nimmt seinen alten Namen wieder an, ist fortan nicht mehr Tony, sondern Fawaz Ismail. Sollen die Amerikaner doch sehen, wie sie damit fertig werden. Er liebt dieses Land, er zahlt seine Steuern, er hört gerne Fleetwood Mac. Wenn hier einer Patriot ist, dann er. So sieht das Tony alias Fawaz Ismail. »Manchmal wünsche ich mir, ich wäre als Schwede geboren«, sagt er. Dabei verkauft er doch die besten Flaggen, hergestellt in den Vereinigten Staaten, nicht in China, wie so viele andere. Made in USA! Tausende amerikanischer Banner hat er verkauft nach dem Anschlag auf die Twin Towers und das Pentagon und obendrein Tausende verschenkt. Aber seither fühlt er sich wieder als Fremder. Ähnlich geht es vielen Muslimen, die versuchen, zwei Welten zusammenzubringen.

Zurzeit haben die USA so viele Ausländer im Land wie niemals zuvor in ihrer Geschichte. Mit »Ausländer« meinen wir hier alle, die nicht in den USA geboren sind – achtunddreißig Millionen Menschen! Etwa ein Drittel hat die Staatsbürgerschaft angenommen, ein weiteres Drittel hat eine Aufenthaltserlaubnis, und das letzte Drittel ist illegal im Land. An diesem Drittel entzünden sich erhitzte Debatten und oft auch Feindseligkeiten. Illegale Einwanderer fristen in D.C. ein armseliges Dasein. Sie leben in engen, heruntergekommenen Behausungen, ohne Gesundheitsfürsorge. Viele von ihnen sind Analphabeten und scheuen sich aus Angst vor Entdeckung, ihre Kinder zur Schule zu schicken. An manchen Straßenecken kann man frühmorgens beobachten, wie sich arbeitsuchende Immigranten einfinden, um sich als Tagelöhner zu verdingen. Pickups und andere Fahrzeuge kommen vorbei, nach kurzem Wortwechsel springen ein paar Männer auf, und ab geht's zur nächsten Baustelle. Das nennt man dann: Glück gehabt!

Denn wer in die USA geht in der Hoffnung, dort etwas geschenkt zu bekommen, der ist auf dem falschen Trip. Einwanderer streben weniger in die Sozialhilfe, sondern in den Jobmarkt. Amerika ist das Land der Arbeit, nicht der Almosen. Hier ein paar Beispiele für die Signale, die das Land aussendet: »Supplemental Security Income« heißt eine Form der Sozialhilfe. Wer kein Staatsbürger ist, hat dabei schlechte Karten. Er muss eine gültige Aufenthaltserlaubnis haben und seit fünf Jahren im Land leben, um diese Form der »Stütze« beantragen zu können. Außerdem muss eine Familie seit der Einreise zehn Jahre lang ihren Lebensunterhalt selbst verdient haben (zum Beispiel Mann und Frau jeweils fünf Jahre). Sollte man diese Sozialhilfe erhalten, dann höchstens für sieben Jahre. In deutschen Ohren klingt das gnadenlos. Wir sind gewohnt, dass Ansprüche an die Allgemeinheit nicht zeitlich begrenzt sind, sondern so lange bestehen wie die Bedürftigkeit. In den USA ist das selbst für Staatsbürger nicht der Fall. Präsident Bill Clinton beschränkte die Sozialleistungen in den 1990er-Jahren mit der sogenannten Welfare Reform drastisch. Die meisten Amerikaner haben die Geschichten ihrer Eltern oder Urgroßeltern in den Genen, die mit ein paar Habseligkeiten ins Land kamen und sich dann mit stetiger Arbeit etwas aufbauten. Es gibt in Washington eine Behörde für Flüchtlinge, das Office of Refugee Resettlement. Hier dessen Mission: »In der Überzeugung, dass Neuankömmlinge angeborene Fähigkeiten entwickeln, wenn sie die Gelegenheit dazu bekommen, bietet diese Behörde bedürftigen Menschen wichtige Ressourcen an, damit sie voll integrierte Mitglieder der amerikanischen Gesellschaft werden.« Wenige Zeilen später wird klar und eindeutig formuliert, was das heißt: »Alle Flüchtlinge, die in die USA einreisen, müssen so schnell wie möglich nach ihrer Einreise eine Arbeit annehmen. Als ersten Schritt müssen die Flüchtlinge schriftliche Pläne für ihre Einstellungsperspektiven vorlegen.« Die angebotenen »sozialen Hilfsleistungen« sind vor allem Sprachkurse, Hilfe beim Jobtraining und bei der Arbeitsuche. Das sind die Signale, die Amerika den Menschen gibt, die ins Land strömen.

Der Weg eines Einwanderers ist hart, und trotzdem zieht das Land immer mehr Menschen an, die sich hier ein neues Leben aufbauen möchten. Fünf Jahre nach ihrer Ankunft stehen diese Menschen vor einer amerikanischen Fahne und legen mit Tränen in den Augen den Eid auf die Verfassung ab. Dann sind sie Amerikaner, stolz und dankbar – nicht für Sozialhilfe, sondern für die Chance, sich und ihren Kindern eine Zukunft aufbauen zu können. Und ihre Landsleute sind stolz auf sie, denn sie haben sich an den ungeschriebenen Sozialvertrag dieses Landes gehalten: dass dich nicht ausmacht, wo du herkommst oder was du für eine Religion hast. Was dich ausmacht, ist, wie du lebst und was du aus dir machst. Zum Nationalfeiertag schmettern dann alle einträchtig und inbrünstig vor dem Kapitol die Nationalhymne – die jüngst eingebürgerten

Mexikaner, die bestens integrierten Asiaten, die vor hundertfünfzig Jahren Eingewanderten, die einst versklavten Schwarzen, die Nachfahren der fast ausgerotteten Indianer. Das klingt schmalzig, aber gehen Sie mal hin, es ist wirklich ein bewegendes Erlebnis.

Mindestens fünfzehn Prozent der Feiernden dürften übrigens deutsche Vorfahren haben.

Bestimmt werden Sie bei Ihrem Besuch in Washington andauernd nach Ihrer Herkunft gefragt. Und wenn Sie dann Deutschland angeben, werden sie sicher mit einem freudigen »Wonderful...!« bedacht und in vielen Fällen wird es heißen: »Meine Großmutter kam aus Deutschland.« Oder: »Die Frau meines Bruders ist Deutsche!« Jeder Amerikaner, jede Amerikanerin scheint einen deutschen Vater oder Vetter, eine deutsche Schwägerin oder Urgroßmutter zu haben.

Das kann doch gar nicht wahr sein, haben wir anfangs gedacht. Wahrscheinlich ist das nur eine höfliche Art, ins Gespräch zu kommen, Gemeinsamkeiten mit dem Gegenüber zu finden. Doch die Statistik zeigt tatsächlich, dass es sich keineswegs nur um freundliche Floskeln handelt: Über vierzig Millionen Amerikaner geben an, deutsche Vorfahren zu haben. Das sind rund fünfzehn Prozent der Gesamtbevölkerung.

Die Deutschstämmigen bilden die mit Abstand größte ethnische Gruppe unter den Amerikanern. Oder sagen wir besser: Sie könnten sie bilden. In Wahrheit nämlich gibt es keine *German-American community*. Fragen Sie mal einen Amerikaner mit einer deutschen Großmutter, ob er Deutsch spreche. Er wird höchstwahrscheinlich mit dem Ausdruck größten Bedauerns den Kopf schütteln und sagen: »Guten Tag, danke, bitte – that's it.« In nur eineinhalb Millionen Haushalten wird Deutsch gesprochen.

Und auch sonst gibt es eigentlich nichts, was die deutschen Amerikaner zusammenhalten würde.

Die nächstgrößere Gruppe bilden die Irischstämmigen; gut zehn Prozent der Amerikaner haben irische Vorfahren. Sie haben es wenigstens geschafft, ihren nationalen Feiertag, den St. Patrick's Day, zum festen Bestandteil des amerikanischen Kalenders zu machen. Die St. Patrick's Day Parade auf der Constitution Avenue erfreut sich jedes Jahr im März größter Beliebtheit. Grüne Hüte, T-Shirts, Girlanden und Kleeblätter bringen einen Millionenumsatz. Selbst der Präsident (egal welcher) trägt an diesem Tag gern eine grüne Krawatte. Was immer der heilige Patrick mit diesem alten Brauch bezweckt haben soll, jeder Amerikaner ist damit vertraut. Barack Obama lud zum St. Patrick's Day vierhundert Gäste zum giftgrünen Cocktail ins Weiße Haus, dessen Räume von grünem Licht durchflutet wurden. Zum Essen gereicht wurde Grünzeug: Kohl, Salat, Dill-Creme, Erbsen, Frühlingszwiebeln, zum Nachtisch Äpfel, Wackelpudding und grüne Kekse. Ansonsten geht es der irischen Gemeinde allerdings genauso wie der deutschen. Beide bestehen aus Amerikanern, die zuallererst Amerikaner sind und die sich nur ab und an gerne daran erinnern, dass sie zur Hälfte irisch oder zu einem Viertel deutsch sind. Das wird sogar recht häufig thematisiert, hat aber so gut wie nie einen ernsten Hintergrund, sondern dient eher der folkloristischen Unterhaltung. Identitätssuchen und -krisen scheinen sich spätestens mit der zweiten Einwanderergeneration erledigt zu haben. Die einst einflussreiche und kulturell bedeutende deutsche Gemeinde hat sich weitgehend im amerikanischen Schmelztiegel aufgelöst.

Das Nebeneinander der Kulturen im besten »Multikulti«-Sinn verlief nicht immer unproblematisch, aber friedlich. Bis zum Ersten Weltkrieg, als sich Deutschland und Amerika feindlich gegenüberstanden. Präsident Woodrow Wilson[4] hegte große Zweifel an der Loyalität der Einwanderer. Mehrere Tausend Kriegsgegner deutscher und skandinavischer Herkunft wurden verhaftet. Selbst das allseits beliebte *sauerkraut* wollte nicht mehr richtig schmecken und wurde deshalb in *liberty cabbage* umgetauft.

Während unserer Zeit in D. C. kam es zu einer weiteren Reinigung der Sprache und der Speisekarte von feindlichen Elementen. Anlass war der Irakkrieg. Weil die Franzosen nicht mit in den Krieg ziehen wollten, schmeckten die *french fries* plötzlich nicht mehr und wurden zu *freedom fries*. Aber auch das ist Geschichte. Längst bestellt man in Washington wieder, ohne zu zögern, *french fries* und *sauerkraut*.

Zum Glück! Wäre doch mit dem Sauerkraut eines der letzten deutschen Wahrzeichen aus der amerikanischen Gesellschaft verschwunden. Geblieben wären Würstchen und Bier, Dirndl und Knickerbocker als Verkörperung der deutschen Lebensart schlechthin. Das kulturelle Deutschlandbild der Amerikaner ist eindeutig blau-weiß gezeichnet. Oktoberfeste erfreuen sich größter Beliebtheit, landein, landaus. »We're doing our wurst to make it our best«, kalauern Oktoberfest-Veranstalter in Reston, einem Vorort von Washington. Aber Vorsicht, sollten Sie mal eins dieser Feste besuchen, weil Sie das Heimweh plagt! So ein Oktoberfest in Amerika ist bei näherer Betrachtung nicht wirklich das, was ein echter Bayer aus München gewohnt ist. Hier zeigt sich die besondere Fähigkeit der amerikanischen Kultur, mit anderen Kulturen zu verschmelzen, indem sie das Fremde amerikanisiert. Die arme bayrische Knackwurst wird behandelt wie ein Hotdog, eingewickelt in ein längliches, pappiges Brötchen, Sauerkraut dazugequetscht, Senf und Ketchup obendrauf, Knack-Dog sozusagen. Sauerbraten und *black forest cake* (Schwarzwälder Kirschtorte) schmecken, na ja, irgendwie anders. *Different* würden die Amerikaner sagen, und das hat dann meist einen leicht negativen Beigeschmack, ohne dass es direkt ausgesprochen werden muss. Zum Knack-Dog, wenn er denn unter freiem Himmel verzehrt wird, gibt's nicht etwa Weizenbier, sondern Sprite oder Cola, denn außerhalb des Zeltes darf kein Alkohol getrunken werden. Die Tänzer in bayrischen Volkstrachten, die hingebungsvoll einen Schuhplattler nach dem anderen auf die Bretter legen, verstehen ebenso wenig Deutsch wie der Discjockey, der bis zum Umfallen »Heidi« und »Ein Prosit der Gemütlichkeit« auflegt. Drinnen im Zelt wird richtiges deutsches Bier ausgeschenkt, das gehört hier zu den beliebten Sorten.

Heute kommen die Einwanderer weniger aus Europa, sondern vornehmlich aus Asien und Lateinamerika. Dabei treten die Neuen gerne in die Fußstapfen ihrer Landsleute, ziehen dorthin, wo sich schon andere niedergelassen haben, ergreifen dieselben Berufe. So kommt es, dass manche Tätigkeiten fest in der Hand einer Nationalität sind. Hausangestellte sind meist Filipinas, Gartenhilfen kommen aus Lateinamerika, Reinigungen sind fest in vietnamesischer, Parkhäuser und Parkplätze in äthiopischer Hand. Eine Wohnung in der Stadt können sich die meisten Zuwanderer nicht leisten. Sie arbeiten in der Stadt und wohnen in den Vororten, die ihr Gesicht dramatisch verändern. *Suburbia* ist nicht länger *Snoburbia*. Die Weißen ziehen in die Stadt oder ins Seniorenheim, ihre Nachkommen haben ihrerseits nicht besonders viele Kinder. Einst typische weiße Mittelklasse-Gegenden werden nun bevölkert von asiatischen und lateinamerikanischen Immigranten. Letztere werden hier übrigens seltener Latinos, sondern meist *Hispanics* genannt. Die Volvos und Geländewagen der Vorstadt-Eltern werden zunächst ersetzt durch Gebrauchtwagen, aber nicht unbedingt auf Dauer, denn viele Einwanderer finden ihren Weg in die Mittelklasse.

Natürlich gibt es auch in D. C. und Umgebung genügend Leute, die die Hände über dem Kopf zusammenschlagen und »ihr Amerika« untergehen sehen. Sie haben Albträume – und teilen diese gerne der Öffentlichkeit mit – von vernachlässigten Vorgärten, spanisch sprechenden Großfamilien in einst adretten Einfamilienhäusern und illegalen Einbrecherhorden. Die Angst vor Überfremdung ist wahrlich nicht neu. Schon Benjamin Franklin, immerhin Gründervater der Vereinigten Staaten und Mitverfasser der Unabhängigkeitserklärung, urteilte im 18. Jahrhundert angesichts der Einwanderungswelle aus Deutschland, die Einwanderer seien im Allgemeinen »die ignorantesten und dümmsten ihrer Art im eigenen Land«. Er prophezeite eine »Germanisierung«, weil sie niemals Sprache und Sitten der Einheimischen annehmen würden. Er wollte sein schönes Land nicht in eine »Colony of Aliens« verwandelt sehen. Wir wissen, dass aus der gefürchteten »Germanisierung« nichts geworden ist, doch nicht jeder in der Metro Area ist sich sicher, dass die »Hispanisierung« genauso im Sande verlaufen wird.

Amerika versucht, die Werdegänge seiner Bürger zurückzuverfolgen und statistisch festzuhalten. Die Daten dienen verschiedenen Zwecken. Man verspricht sich Aufschlüsse über die Bevölkerungsentwicklung und Hinweise zur Lösung sozialer Probleme. Wir waren anfangs mehr als verwirrt, wenn wir gebeten wurden, anzukreuzen, zu welcher Rasse wir gehören. Es erschien uns ungewohnt, um nicht zu sagen unschicklich und politisch unkorrekt. Aber es kommt recht häufig vor, dass man danach gefragt wird. So bekamen wir beim ersten Arztbesuch ein Formular in die Hand gedrückt und wurden gebeten, Angaben zu machen über Adresse, Versicherung, Gesundheitszustand – und unsere ethnische Zugehörigkeit. Wir sollten uns für eine von fünf Bevölkerungsgruppen entscheiden:

1. asiatisch, asiatisch-amerikanisch oder Inselbewohner im Pazifik
2. hispanisch
3. schwarz, aber nicht hispanisch
4. nordamerikanischer Indianer oder Ureinwohner Alaskas
5. weiß, aber nicht hispanisch

Wir witterten sofort Rassismus und überlegten, ob wir diesen »unverschämten« Fragebogen überhaupt ausfüllen sollten. Vorsichtshalber fragten wir erst mal die Sprechstundenhilfe: »Äh, hm, wir sind etwas verunsichert, was diese ethnische Zuordnung angeht. Warum wollen Sie das alles wissen?« Die Arzthelferin selbst gehörte in die erste Schublade: »Inselbewohner im Pazifik«. Sie kam von den Philippinen und blieb angesichts der Nachfrage völlig ungerührt. Für sie gehörte das zum Alltag: »Ach, es gibt einfach bestimmte Krankheiten, die in der einen ethnischen Gruppe häufiger vorkommen als in einer anderen. Und so sind wir schon vorgewarnt.« Sie führte noch etwas aus, welche Krankheiten wer schneller bekommt, und wir setzten schließlich unser Kreuzchen.

In den folgenden Jahren stutzten wir zwar immer einen Augenblick, gewöhnten uns aber an diese Art der Fragestellung. Dabei setzten wir unser Kreuz oft bei »caucasian« (kaukasisch), eine recht ältliche Sammelbezeichnung für hellhäutige Menschen europäischen Ursprungs. Ämter, Ärzte, Banken, Schulen, Umfrageinstitute – alle wollen die

Menschen in Schubladen packen, und sei es nur zu statistischen Zwecken.

Die Versuche rassischer Einordnung führen nicht selten zu bizarren Situationen. So ist es einem uns bekannten Paar – sie schwarz, er weiß – passiert, dass ihr Sohn an der einen Schule als weißes und an der nächsten Schule als schwarzes Kind angemeldet wurde. Manche Bildungseinrichtungen bekommen Fördergelder, die zur Unterstützung von Minderheiten gedacht sind. Andere wollen – aus sozialen und aus Image-Gründen – ethnisch ausgewogen bleiben. So hieß es an der einen Schule: »Wir brauchen weiße Schüler!« Der Vater sollte den Sohn also als weißen Jungen anmelden. Die Eltern folgten dieser Empfehlung. Die nächste Schule wollte lieber einen schwarzen Schüler aufnehmen. Also war der Sohn hier schwarz. Die Mutter fand das Ganze ziemlich absurd. Als später ihr jüngerer Sohn zur Schule kam, fragte sie die Sekretärin: »Sein schwarzer Bruder ist als weißer Schüler angemeldet. Was soll ich mit diesem Kind machen?« Die Sekretärin antwortete: »Nun, er ist, was immer Sie behaupten. Wenn Sie mir sagen würden, er sei asiatisch, würde ich das auch aufschreiben.«

Die Zuordnung wird allerdings zunehmend schwieriger. Denn es gibt immer mehr Menschen, die im Grunde mehrere Kreuzchen setzen müssten. Wer ist schon noch reinrassig? Die Menschen mischen sich. Der Anteil der ethnisch gemischten Bevölkerung steigt in den Statistiken steil an. Das liegt nicht nur an der Zunahme gemischter Ehen. Die Menschen haben auch weniger Gründe, ihre wahre Abstammung zu verheimlichen. Vorurteile und Berührungsängste werden langsam aber merklich abgebaut. Die Gesellschaft ändert sich, und zwar gründlich. Minderheit oder Mehrheit, das wird vielleicht bald gar kein Thema

mehr sein, denkt Autor und Wissenschaftler Blair Ruble:
»Die Wahrheit ist, wir gehen auf eine Zeit zu, in der alle
Amerikaner Minderheiten sein werden, und Washington
ist dem Land um einiges voraus im Herausfinden, wie das
sein wird.«[5] Mit anderen Worten: Washington – Stadt der
aliens.

[1]   David Nakamura hat sie für die *Washington Post* begleitet, 11.7.2011.

[2]   Fuddruckers ist eine Hamburger-Kette.

[3]   Marc Fisher hat seine Geschichte für die *Washington Post* aufgeschrie-
      ben, 12.6.2011.

[4]   Thomas Woodrow Wilson, US-Präsident von 1913 bis 1921

[5]   *Washington Post*, 10.4.2011

Von Mücken, Pandas und Papptellern

Grünes Washington

Als wir Washington vor einiger Zeit wieder einmal besuchten, trauten wir unseren Augen kaum. An vielen Straßen gibt es inzwischen Fahrradwege, zum Teil sogar zweispurig. Auch öffentliche Leihfahrräder stehen seit Herbst 2010 an zahlreichen Stationen im Stadtgebiet bereit. Die knallroten, robusten Räder erfreuen sich zunehmender Beliebtheit und werden mittlerweile auch für den Weg zur Arbeit genutzt. Capital Bikeshare öffnet fortwährend neue Stationen. Ausgerechnet durch ein Ereignis im fernen Pakistan erlebte der öffentliche Fahrradverleih einen plötzlichen Aufschwung. Nachdem spätabends bekannt geworden war, dass amerikanische Spezialkommandos den Terroristen Osama Bin Laden getötet hatten, zog es viele Washingtonians zum Weißen Haus. Autos sind in der Innenstadt schwer zu parken, Metros und Busse fuhren nicht mehr. Über fünfhundertfünfzig Räder wurden in dieser Nacht zwischen 22 und 2 Uhr ausgeliehen. Normalerweise sind um diese Zeit nur um die hundert unterwegs.

Das Fahrrad setzt sich durch. Auch Fahrradkuriere machen immer bessere Geschäfte.

Leider steigt auch die Zahl der Verkehrsunfälle, an denen Radfahrer beteiligt sind, an. Manche Autofahrer denken gar, pedalbetriebene Fahrzeuge hätten per Verkehrsordnung auf der Straße nichts zu suchen. Bis vor wenigen Jahren wagten es nur ein paar extravagante Abenteurer, D. C. auf zwei Rädern zu durchkreuzen. Kinder auf dem Rad zur Schule schicken – undenkbar! Kein amerikanischer Reiseführer hätte es gewagt, auch nur zu erwähnen, dass dieses oder jenes Ziel am besten per Fahrrad zu erreichen sei. Die Herausgeber hätten wohl damit rechnen müssen, für verantwortungslos gehalten und verklagt zu werden, wenn jemand einen Unfall baut, womöglich mit dem Reiseführer in der Tasche. Jetzt fehlen nirgendwo mehr Hinweise auf Fahrradrouten und -geschäfte. Es gibt einen Touristen-Service für Radfahrer und unzählige Karten und Empfehlungen für Touren.

Bis vor Kurzem galt das Fahrrad nicht als Fortbewegungsmittel, sondern als Freizeitinstrument. So wie man einen Tennisschläger auf dem Tennisplatz und nicht im Büro benutzt, war glasklar, dass Fahrräder auf Radwege in Naturparks gehören und nicht auf den Asphalt im täglichen Berufsverkehr. So schnallte der gewöhnliche Washingtonian die Räder der Familie samstags bei Sonnenschein auf einen Fahrradträger am Auto und fuhr damit ins Grüne. In den Rock Creek Park zum Beispiel: tausendsiebenhundert lang gestreckte Hektar Wildnis mitten in der City entlang eines Baches, des Rock Creek, der vom äußersten Norden der Stadt bis zum Watergate-Komplex führt, wo er in den Potomac mündet. Der Beachdrive, die Hauptverkehrsader durch den Park, an Arbeitstagen verstopft von den Fahrzeugen der Pendler aus Maryland und verpestet von ihren Abgasen, wird am Wochenende für den motorisierten Verkehr gesperrt. Dann ist hier keinesfalls weniger los, doch sind es Biker, Skater und Jogger, die die Piste nutzen.

Während wir in Georgetown wohnten, sind wir oft an den Potomac gefahren. Das war von uns aus nur eine Fünf-Minuten-Strecke. Die Kinder saßen hinten im Fahrradanhänger und hatten einen Heidenspaß. Der rote Wimpel flatterte im Wind und förderte die Hoffnung, die an Zweiräder nicht gewöhnten Autofahrer würden Rücksicht auf uns nehmen. Und ab ging's den Berg runter die Wisconsin Avenue. Früher wurde hier der in Maryland geerntete Tabak in Ballen bis zum Hafen hinuntergerollt. Heute ist der Washington Harbour in Georgetown nur noch Flaniermeile und Anlegeplatz für einen Ruderclub und ein paar Motorjachten. Doch war er früher von großer wirtschaftlicher Bedeutung.

Georgetown war bis zu Beginn des Eisenbahnzeitalters ein prosperierendes Handelsstädtchen. Denn dieser Hafen war der letzte erreichbare Ort, den die großen, vom Atlantik kommenden Schiffe ansteuern konnten. Danach wird der Fluss unschiffbar. Hauptsächlich Tabak und Mehl wurden in Georgetown verladen, auch Kohle, Korn und Whiskey. Ihre Reise führte zu Handelspartnern in der ganzen Welt.

Der Potomac ist der »Fluss der Nation«. So nennen ihn die Amerikaner, nicht nur weil er durch die Hauptstadt fließt, sondern weil er ein historischer Fluss ist, an dessen Ufern die wichtigsten Stationen der amerikanischen Geschichte ihre Spuren hinterlassen haben. In seinen Heimatstaaten, Maryland und Virginia, strandeten die ersten europäischen Siedler, George Washington wurde hier geboren, wichtige Bürgerkriegsschlachten wurden am Potomac geschlagen. Der legendäre John Brown verlor seinen Kampf in Harpers Ferry, wo der mächtige Potomac und der Shenandoah zusammentreffen. John Brown wurde gehängt, weil er bewaffnet für die Abschaffung der Sklaverei gestritten hatte.

Wie jeder große Fluss hat der Potomac viele verschiedene Ursprünge. Seine Quelle in den Bergen West Virginias, im Monongahela-Wald, ist schmal genug, um hinüberzuhüpfen. Dort beginnt er seine fast sieben Kilometer lange Reise durch fruchtbare Täler, Wälder und Wiesen, bildet unterwegs mächtige Wasserfälle, pflügt durch zerklüftete Felsen, prägt – jetzt schon von imposanter Breite – das Gesicht Washingtons, fließt weiter, vorbei an den Tabakfeldern Marylands, inzwischen so breit, dass keine Brücke mehr von einem Ufer zum andern führt. Der Potomac, das sind eigentlich zwei Flüsse: einmal der untere, ein breiter, stattlicher Fluss von Weltklasse, der Ebbe und Flut kennt, der Segelboote und Frachter trägt. Er beginnt in Washington und endet gut hundertsiebzig Kilometer weiter südöstlich in der Chesapeake Bay, deren Wasser sich später in den Atlantik ergießt. Es ist sogar ein relativ sauberer Fluss, der sich von industriellen Verschmutzungen weitgehend erholt hat. Der andere, der obere Potomac, das ist der ungestüme, raue Bergfluss, der schon den Indianern das Kanufahren schwer machte und für Wassersportler heute eine große Herausforderung darstellt. Rafting auf dem Potomac ist ein einzigartiges Naturerlebnis. Nur wenige Meilen nördlich von Washington fällt der Fluss mit donnerndem Getöse in die Tiefe; mit den imposanten Great Falls überwindet er den größten Höhenunterschied auf seinem Weg. Das sind zwar die mächtigsten, aber nicht die einzigen Wasserfälle. Wer eine längere Tour plant, sollte sich darauf einstellen, sein Boot ab und zu huckepack an einem Wassersturz vorbeizutragen.

Diese Hemmnisse haben schon die Händler im 19. Jahrhundert veranlasst, sich eine Alternative zu schaffen, um die Kohlegebiete Virginias mit Georgetown zu verbinden. 1828 wurde mit dem Bau des Chesapeake & Ohio Canal begonnen. Er verläuft parallel zum unberechenbaren Fluss, vierundsiebzig Schleusen helfen, die Höhenunterschiede zu überwinden. Maultiere trabten auf einem Pfad neben dem Kanal und zogen die mit Kohle, Getreide oder Mehl beladenen Kähne hinter sich her. Sie brauchten vier, fünf Tage für die gut dreihundert Kilometer lange Strecke. Die ursprüngliche Idee war, den Kanal bis Pittsburgh zum Ohio zu führen. Über den Ohio wäre man auf den Mississippi gelangt und hätte so einen großen Teil der Vereinigten Staaten erreicht. Aber bevor sich die Kanalarbeiter bis nach Pittsburgh vorgearbeitet hatten, war die Dampflok erfunden. Die Eisenbahn war schneller und bequemer; sie machte den Wasserweg und die Lasttiere überflüssig.

Heute bilden der Kanal und der Treidelpfad den längsten und schmalsten Naturpark der USA, ein Paradies für Wanderer und Sportler. Zweiundzwanzig Meilen des Wassergrabens wurden vollkommen wiederhergestellt. Von Georgetown bis Seneca sieht er aus wie früher. Auch die Schleppkähne hat man an einigen Schleusen restauriert. Bei den Great Falls und in Georgetown ziehen die sturen, aber gutwilligen Maultiere Touristen statt Kohle durch die Schleusen. Bootsleute in historischen Kostümen steuern die Kähne, führen die *mules* und lassen so vergangene Zeiten wieder aufleben. *Living history* nennt sich diese Form der Geschichtserzählung, die in Amerika sehr beliebt ist. Häufig sind es Freiwillige, die vor allem während der Sommermonate *living history events* auf die Beine stellen. Sie führen durch historische Gebäude und Museen, organisieren Märkte und Feste wie zu Kolonialzeiten, stellen

Schlachten nach. So wurden unsere Ausflüge in die Historie lebhaft und spannend. Oft hatten unsere Kinder ebenso viel Spaß wie wir.

Der Potomac und der C & O Canal bieten Gelegenheit für alle denkbaren Sportarten: Radfahren und Moutainbiking, Wandern und Joggen, Kanu- und Kajakfahren, Rudern, Rafting und Segeln, Fischen und Angeln, Schwimmen und selbst Golfen. »Das ist einmalig«, schwärmte uns eine Touristenführerin vor, »in einer Großstadt zu leben, und dann beginnen mitten in der Stadt dieser Kanal und der Wanderweg, die direkt in die Wildnis führen.« Man kann in Georgetown ein Boot mieten und in wenigen Minuten hinüberrudern zum Theodore Roosevelt Island. Hier im Naturschutzgebiet ist die Großstadthektik sofort vergessen. Mitten im Wald eine Statue des ehemaligen republikanischen Präsidenten, der als passionierter Naturschützer galt. Direkt gegenüber sieht man den Watergate-Komplex, als Gebäude eigentlich nicht besonders sehenswert, aber weltberühmt durch den Watergate-Skandal. Daneben ein Gebäude mit erfreulicherer Geschichte: das Kennedy Center, Washingtons größtes Konzerthaus. Nach dem Verlassen der Insel könnte man vorbeirudern an der überlebensgroßen Statue Abraham Lincolns, der wie ein Monarch über dem Fluss thront und auf den Arlington-Friedhof blickt. Unter der Arlington Memorial Bridge hindurch geht es zum Tidal Basin, an dessen Ufern im Frühling mehr als dreitausend Kirschbäume weiß und rosafarben blühen.

Die zauberhaften Pflanzen sind ein Freundschaftsgeschenk aus Japan. Zweitausend junge Bäume schickte der Bürgermeister Tokios 1910 unter erheblichem finanziellem Aufwand um die halbe Welt. Anbei ein Gruß des Tenno, der prophezeite, die Bäume würden mindestens dreißig Jahre leben und seien somit ein Symbol für die beständige

Freundschaft der beiden Länder. Die erste Ladung musste allerdings vollständig verbrannt werden, da alle Pflanzen von einem Pilz befallen waren. Im zweiten Anlauf klappte es. Diesmal kamen dreitausend Bäume. Leider erfüllte sich die Prophezeiung des Tenno nicht in der Weise, wie es ihm wohl lieb gewesen wäre. Rund dreißig Jahre nach der Lieferung des großzügigen Geschenks war es zunächst vorbei mit der amerikanisch-japanischen Freundschaft. 1941 griffen die kaiserlichen Streitkräfte die auf Hawaii liegende amerikanische Pazifikflotte an. Der Überfall auf Pearl Harbor führte zum aktiven Eingreifen der USA in den Zweiten Weltkrieg. Das Kirschblütenfest wurde für ein Jahrzehnt ausgesetzt. Seit 1951 beginnt die Zeremonie jedes Jahr wieder mit dem Anzünden einer japanischen Laterne auf dem Wasser. Das National Cherry Blossom Festival ist zum Massenereignis mit Paraden und Konzerten geworden. Wochen vorher beobachtet die Stadt – vor allem die Tourismusbranche – gespannt die Wettervorhersage, um den Höhepunkt der Blüte möglichst genau vorhersagen zu können. Das Festival steht unverrückbar im Kalender. Ob zu lange Kälte das Blühen hinauszögert oder Gewitter die Blüte verregnen lassen – es wird trotzdem paradiert und gefeiert.

Zurück ins Boot. Am Fischmarkt und am Jachthafen vorbei könnte man bis zum Hains Point rudern, einer kleinen Landzunge mitten in der Stadt. Hier kann man ohne Hemmungen und ohne viel Geld loszuwerden, die ersten Golf-Erfahrungen sammeln und Bälle Richtung Potomac schlagen. Mitgliedschaft ist nicht erforderlich. Einfach einen Golfschläger und einen Eimer voller Bälle leihen, und der erste Schritt zum Tiger-Woods-Nachfolger ist vollzogen. Noch weiter flussabwärts gelangen wir zu einer Reihe von Plantagen mit Herrenhäusern, einige davon restauriert und zu besichtigen, zum Beispiel Mount Vernon, George und Martha Washingtons herrlicher Landsitz, der erhöht auf einer Klippe liegt und dessen Veranda einen zauberhaften Ausblick auf den Potomac gewährt. Nicht nur das Haupthaus mit seinen achtzehn Zimmern und vielen Originalmöbeln ist erhalten, auch Sklavenquartiere, Küchen, Ställe sind zu besichtigen, ebenso die Werkstatt des Schmieds und Washingtons Whiskey-Brennerei. Bemerkenswert, dass einer, der die Möglichkeit hatte, hier den ganzen Tag im Schaukelstuhl mit einem Buch und einem selbst gebrannten Whiskey in der Hand aufs funkelnde Wasser zu schauen, es auf sich genommen hat, Mitbegründer und erster Präsident der Vereinigten Staaten zu werden. Wer kann ihm verdenken, dass er sich dafür stark gemacht hat, die Hauptstadt nicht allzu weit entfernt von seinem Landsitz anzusiedeln?

Viele wohlhabende Washingtoner hatten übrigens Landhäuser, um der drückenden Hitze der Stadt zu entkommen. Heute laufen die Klimaanlagen (einfach »AC« genannt) auf Hochtouren, mindestens vier Monate im Jahr, meistens aber länger. Nicht selten passierte es, dass wir von der Heizung direkt aufs Kühlen umgestellt haben, weil das Wetter vom Winter direkt auf Sommer schaltete und die Übergangszeit übersprang. Bedrückend ist nicht allein die große Hitze im Sommer, sondern viel mehr die hohe Luftfeuchtigkeit. Ein Gang um die Ecke reicht, um Hemd oder Kleid komplett durchzuschwitzen. Während man im Norden bei den ersten Sonnenstrahlen alle Fenster öffnet und die Gartenstühle rausholt, klagte Tom in Washington: »Was, du willst auf der Terrasse essen? Ich zerfließe! Und dann noch die Mücken!« Auf Gartenpartys wischten sich die Diplomaten und andere Gäste in Schlips und Kragen mit den Servietten den Schweiß von der Stirn, denn selbst am Abend war die Luft noch schwül und heiß. Wer sich abkühlen will, fährt ein bisschen Auto, bei geschlossenen Fenstern natürlich. Man kann auch einkaufen gehen, um der Hitze zu entkommen, oder im Restaurant essen. Dorthin sollte man als europäischer Gast allerdings gerade im Sommer seinen Winterpelz und warme Socken mitnehmen, denn die Wohlfühltemperatur scheint beim Durchschnittsamerikaner um einige Grad niedriger zu liegen als beim Durchschnittseuropäer. Unsere Besucher aus Deutschland haben sich immer beschwert: »Müssen die die Anlage denn auf vollen Touren laufen lassen?!«

Erstens haben sie gefroren, und zweitens waren sie moralisch empört: »Denkt denn hier keiner an den enormen Energieverbrauch, an das Klima und die Umwelt?«

Ehrlich gesagt: Nein. Die wenigsten Amerikaner machen sich darüber ernsthafte Gedanken. Den ganzen Sommer über lassen Geschäfte ihre Pforten weit geöffnet, um Passanten mit einem angenehm kühlen Lüftchen ins Innere zu locken. Die wirtschaftliche Bilanz scheint das zu erlauben. Die ökologischen Folgen sind kein Thema. In den meisten Häusern, die wir bewohnten, hatten wir das Gefühl, immer gleich den Garten mit zu heizen oder zu kühlen. Die Wände waren nur dürftig isoliert. Eine Ausnahme bildete unser Haus in Georgetown. Das stammte aus dem 19. Jahrhundert, die Mauern waren aus massivem Stein. Dafür gingen Wärme und Kälte durch breite Tür- und Fensterritzen spazieren.

Das geht natürlich nicht. Also riefen wir Richard, einen Handwerker, an, damit er die Fenster reparierte. Er kam dreimal, bevor er stolz verkündete, die Aufgabe sei erledigt. Er gab uns dann ausführliche Anweisungen zur richtigen Handhabung der Fenster: »Dieser Riegel sollte immer so stehen … am besten erst die linke, dann die rechte Seite schließen, beim anderen Fenster andersherum…« Wir wurden misstrauisch und versuchten, eins der reparierten Fenster zu öffnen. Es ging nicht.»Aber wozu wollen Sie denn im Sommer die Fenster aufmachen?«, warf Richard verständnislos ein.»Sie haben doch eine Klimaanlage!« Er versprach wiederzukommen. Das war noch am Anfang unserer Washington-Jahre. Später wussten wir, dass man wegen ein paar Zentimeter breiten Ritzen an Fenstern oder Türen kein schlechtes Gewissen haben muss. Das ist einfach normal.

So verlegte der Kabelexperte seine Fernsehleitungen über die Schiene der Schiebetür, und wunderte sich tatsächlich, dass wir damit nicht zufrieden waren, weil die Tür nun nicht mehr schloss. Natürlich kam er unseren Wünschen sofort nach – der Kunde ist König – und führte das Kabel durch die Wand. Rrrrrrrr, rrrrrrrr, rrrrrrrupp, machte sein Riesenbohrer, drang zügig von außen durchs Mauerwerk und schaute in unserem Wohnzimmer wieder heraus. Kabel durchgezogen, fertig. Niemand kam auf die Idee, den Luftkanal rings um das Kabel abzudichten. Wir nahmen uns vor, das später selbst zu erledigen, vergaßen es aber. Schließlich ist auch das normal.

In Washington hält einem niemand Moralpredigten wegen eines zu hohen Energieverbrauchs. Besen und Harken sind von gestern. Ob drinnen oder draußen, Dreck und Laub rückt man mit Staub- und Laubsaugern zu Leibe. Kraft kommt grundsätzlich aus der Steckdose. Wäscheleinen sind nicht nur von vorgestern, sie sind vielerorts sogar verboten. Nur in ärmsten Gegenden, wo die Bewohner sich keinen Trockner leisten können, weht die Wäsche im Wind. Die Waschmaschinen sind Strom fressende Monster, dafür aber schnell. Sie brauchen maximal vierzig Minuten für den gesamten Waschvorgang. Sauber ist das Zeug dann nicht, also griffen wir zur chemischen Keule, Bleichmittel in hoher Dosierung. Als die schönen weißen T-Shirts nach zwei Wäschen aussahen, als hätten die Mäuse daran geknabbert, fanden wir uns mit dem Grauschleier ab.

Immerhin wird die Energieverschwendung in regelmäßigen Abständen ausgeglichen durch überraschende Sparphasen, nicht verordnet von naturbewussten Politikern, sondern erzwungen von Naturgewalten. Auch der District of Columbia wird von Ausläufern wilder Hurrikans oder Tornados erreicht.

Dann schaukeln die losen Kabel im Wind, das Licht flackert. Manchmal helfen ein paar Stoßgebete, und das Unwetter zieht vorüber, ohne großen Schaden anzurichten. Nicht immer lassen sich romantische Abende bei Kerzenlicht ohne Herd und Computer problemlos in den Alltag integrieren. So waren wir jedes Mal erleichtert, wenn Blitz und Sturm nicht gerade einen Baum getroffen haben, der im Sturz unsere Stromzufuhr unterbrach. Aber hin und wieder hat es uns getroffen. Einmal saßen wir in der Lowellstreet eine ganze Woche ohne Strom, also ohne Licht und warmes Wasser, ohne Herd und Backofen, ohne Toaster und Kaffeemaschine, ohne Telefon und Fernseher, ohne Waschmaschine und Kühlschrank. Als wir uns beim nahe gelegenen Starbucks einen Frühstückskaffee gönnen wollten: leider Fehlanzeige. Auch dort gab es keinen Strom. Ebenso wenig wie in den umliegenden Geschäften und Restaurants. Der Supermarkt verschenkte in Windeseile einen Teil seiner gekühlten und gefrorenen Ware an Bedürftige, vieles aber wurde weggeworfen. Wir haben unser Tiefgefrorenes auf die Gefrierschränke von Freunden verteilt, die meisten waren allerdings schon überfüllt von anderen Vorräten, die umgelagert werden mussten.

In Georgetown dagegen fühlten wir uns sicher, denn dort gibt es, wie man bei einem Spaziergang leicht feststellt, keine überirdischen Stromleitungen. Alle Kabel sind schön unter der Erde verstaut. Und trotzdem hat es uns dort einmal erwischt. Stromausfall nach einem Gewitter. Am nächsten Tag wollten wir verreisen, also wurden die Koffer im Dunkeln gepackt. Nach einer schlaflosen Nacht in einem drückend schwülen Schlafzimmer hieß es nach Sonnenaufgang schnell die letzten Sachen zusammensammeln, alles mit Baby auf dem Arm. Kaffee gab's natürlich nicht, immer noch kein Strom. Dann plötzlich eine markerschütternde Sirene. Unser Töchterchen, erst ein paar Monate alt, stimmte voller Schreck in das Geheule ein. Wir dagegen jubelten: Der Strom ist wieder da! Schnell die Alarmanlage ausschalten! Es ging nicht. Nichts ließ sich abstellen, weder der Alarm noch das Baby. Also die Sicherheitsfirma anrufen. »Wir kommen, so schnell es geht«, hieß es, »aber es kann dauern.« Auch in vielen anderen Häusern spielten die Anlagen verrückt. »Wie lange kann es dauern?« Unser Flieger ging um zwölf Uhr. Sie wollten nichts garantieren. Wir hofften schicksalsergeben und überlegten, was wir tun könnten, falls der Alarm nicht rechtzeitig repariert würde. In letzter Minute kam der Wartungsdienst und stellte die Anlage wieder richtig ein. Wir schafften es gerade noch pünktlich zum Flughafen und waren nun endgültig urlaubsreif.

Wenigstens belästigte uns niemand mit kritischen Gedanken über zu hohen Kerosinverbrauch von Flugzeugen. Denn jeder hier hat Verwandte, die weit weg in einem anderen Bundesstaat wohnen. Auch Umweltschützer Al Gore rettet den Planeten fliegend. Ein Washingtonian, der seine Eltern in Chicago besuchen möchte, bräuchte fahrend dreizehn Stunden, nach Lincoln in Nebraska wären es einundzwanzig Stunden, nach Los Angeles gar fast zwei Tage. Vorausgesetzt alles geht gut – sonst dauert es noch länger.

Die Eisenbahn, einst eine revolutionäre Errungenschaft, scheint man in den USA mehr als eine Angelegenheit fürs Museum zu betrachten, zumindest wenn es um die Beförderung von Passagieren geht. Abgesehen von ein paar sehr gut funktionierenden Vorzeige-Strecken vor allem an der Ostküste scheint das Schienennetz für die ellenlangen Güterzüge da zu sein. Der wunderschöne große Hauptbahnhof in Washington D. C., die Union Station, mag darüber hinwegtäuschen, dass der Bahnverkehr in den USA ein Stiefkind ist, denn das Gebäude gehört inzwischen in all seiner Pracht zu den Hauptattraktionen der Stadt.

Wer nicht fliegt, fährt eher Auto. Die einsamen Landstraßen, auf denen man stundenlang fährt, ohne jemandem zu begegnen – wie wir sie aus Kinofilmen und der Werbung kennen –, sucht man an der dicht besiedelten Ostküste vergebens. Hier herrscht permanenter Stau auf den Straßen. Der Verkehr auf dem *beltway* rings um Washington kommt während der Rushhour regelmäßig zum Erliegen. Das *gridlock* (eine Dauerblockade) morgens und abends ist so verheerend, dass sich viele Pendler zu Fahrgemeinschaften zusammenschließen, früher hauptsächlich, um Zeit zu sparen, inzwischen auch, um ihr Geld zusammenzuhalten. Denn mit mehreren Mitfahrern im Auto dürfen besondere Spuren benutzt werden.

Wie oft haben wir uns auf den verwobenen Highways rings um Washington verirrt! Die Verkehrsschilder wirkten auf uns oft wie zu klein geschriebene Bedienungsanleitungen, im Vorbeifahren kaum zu entziffern: »Restricted lanes. HOV-3 only Monday through Friday 3.30–6.00 pm«. Wenn man nur im Schritttempo vorwärtskommt, kann man ruhig viel Text lesen, dachten sich die Behörden wahrscheinlich. Es dauerte etwas, bis wir herausfanden, was HOV bedeutet, nämlich: High Occupancy Vehicles Only. Wenn mindestens drei Leute im Auto sitzen, dürfen sie die mittleren Fahrbahnen des Highways benutzen, morgens stadteinwärts, abends umgekehrt. Wichtige Ausfallstraßen werden zu Stoßzeiten in Einbahnstraßen umgewandelt, morgens in die eine, abends in die andere Richtung.

Wer *downtown* arbeitet, verzichtet nicht selten ganz aufs Auto, nicht so sehr, um die Umwelt zu schonen, sondern aus Kostengründen. Es gibt kaum Parkplätze. Parkhäuser verlangen unverschämt hohe Gebühren. Wir sind am Anfang außerdem viel Geld losgeworden, weil wir die Verkehrsschilder falsch interpretiert haben. Das ist nämlich eine Wissenschaft für sich. Vielleicht ist das absichtlich so, denn Bußgelder werden dringend gebraucht, um die leeren Kassen der Stadt aufzufüllen. Da werfen wir zum Beispiel Geld in eine Parkuhr und haben zehn Minuten später ein Knöllchen unter dem Scheibenwischer stecken: fünfzig Dollar Bußgeld. Der Abschleppwagen ist bereits unterwegs. Wir sind fassungslos. Parkuhren stehen doch nur da, wo auch geparkt werden darf, oder? Nein, in Washington nicht. »2 Stunden Parken von 7 bis 16 Uhr montags bis freitags« steht auf einem Schild neben der Parkuhr. Das heißt beileibe nicht, dass nach 16 Uhr das Parken frei ist, sondern dass man an dieser Parkuhr nach 16 Uhr überhaupt nicht mehr parken darf. Zu Stoßzeiten wird jede Spur für den Verkehr gebraucht. Wer seine Strafzettel nicht zahlt, der findet sein Auto unter Umständen mit einer orangefarbenen Kralle am Vorderrad vor.

In der Innenstadt bewegt man sich bequem mit der recht verlässlichen Metro. Doch sobald man sich vom Metro-

Netz entfernt, ist Geduld gefragt. Die Busverbindungen sind sehr lückenhaft. Besondere Touristenstrecken funktionieren perfekt. Doch wer sonntags bei Freunden in einem anderen Stadtteil zum Essen eingeladen ist und sich auf den Bus verlässt, kommt vielleicht erst an, wenn der Tisch schon wieder abgeräumt ist. Busse verkehren nicht besonders häufig, viele nur werktags oder nur zur Rushhour. Da es an den Haltestellen keine Fahrpläne gibt, zweifelt man jedes Mal, ob überhaupt ein Bus kommen wird. Eingeweihte wissen, dass es seit einiger Zeit die Möglichkeit gibt, per SMS, App oder Internet die nächsten Ankunftszeiten zu erfragen. Touristen sind ein wenig besser dran, viele Haltestellen in Gegenden, die von ihnen frequentiert werden, wurden inzwischen mit Fahrplänen versehen.

Wer genug Geduld zum Busfahren aufbringt, stößt unter Umständen auf neue Probleme. Es gibt vielerorts keine Bürgersteige. Washington gilt als vergleichsweise fußgängerfreundliche Stadt, die Innenstadt ist in dieser Beziehung gut ausgestattet. Doch in so manchem Wohngebiet (von den Vororten wollen wir gar nicht reden) müssen sich Fußgänger und Autos die Straße teilen. Als wir in der Lowellstreet wohnten, sind wir häufig ein, zwei Kilometer die Arizona Avenue mit dem Auto hinuntergefahren, um ein paar Kleinigkeiten einzukaufen. Entlang der verkehrsreichen Straße gab es keinen Fußweg. (Ehrlich gesagt, wir haben auch den steilen Rückweg gescheut.) Irgendjemand hatte mal den Vorschlag gemacht, hier einen Bürgersteig einzurichten. Aber wer ganz selbstverständlich mit Fußwegen aufgewachsen ist, der kann sich gar nicht vorstellen, wie viele Gründe dagegen sprechen können. Woher den Platz nehmen? Eine zweispurige Straße verengen? Das gibt Verkehrschaos. Den Anwohnern die Vorgärten beschneiden? Zu schade um die schönen Blumenrabatten. Bäume fällen? Wir wollen doch die Natur bewahren!

Die Stadt verlangt inzwischen, für alle Neubauten ein Trottoir einzuplanen, doch in den *suburbs* werden immer noch neue Siedlungen ohne Gehwege geplant. Dafür haben die Häuser mindestens zwei, nicht selten sogar drei Garagen. Wen wundert es, wenn selbst die kurze Strecke zum Einkaufszentrum oder zur Schule mit dem Auto zurückgelegt wird? Fußwege über zweihundert Meter gelten in Amerika gemeinhin als Wanderungen. Deshalb braucht man auch nicht aus dem Auto auszusteigen, um sich unterwegs einen Hamburger mit Ketchup zu genehmigen. Das kennen wir inzwischen auch in Deutschland. Aber in Washington lassen sich am Drive-through-Schalter auch Finanzgeschäfte erledigen. Bargeld und Kontoauszüge werden durchs Autofenster entgegengenommen. Es gibt auch Briefkästen, die man bequem vom Fahrersitz aus erreichen kann. Die sogenannten *snorkel boxes* sind mit einem langen Rohr ausgestattet.

Selbstredend muss man auch in freier Natur die Kühltasche kaum weiter als zwanzig Schritte schleppen, denn die meisten idyllischen Picknickplätze haben einen Parkplatz in unmittelbarer Nähe. Und ebenso selbstverständlich verbrauchen wir bei unseren Picknicks im Grünen Türme von Plastikbechern und Papptellern. Sollen auf den Servietten Ballons oder Blümchen sein, Harry Potter oder Vampire? Das lässt sich exklusiv für jeden Geburtstag neu bestimmen. Betriebsfeiern oder Familienfeste – Einweggeschirr ist hübsch und zweckmäßig. Da rümpft keiner die Nase, weder weil das nicht stilvoll genug ist, noch weil so die Müllberge weiter vergrößert werden. Es ist eben praktisch – und das zählt wesentlich mehr als Grundsätze und Ideologie. Anschließend wandert alles in die eine große

Mülltonne, zusammen mit den Fleisch- und Brotresten. Alte Zeitungen und große Plastikflaschen – die kommen in eine Extra-Box, manchmal jedenfalls. Zum Earth Day 2010 schenkte Starbucks 1,2 Millionen Drinks in wiederverwertbaren Bechern aus. Das hört sich super an, allerdings nur, solange man nicht berücksichtigt, wie viele Getränke insgesamt jährlich über die rund siebzehntausend Starbucks-Theken in fünfzig Ländern gereicht werden. 99,2 Prozent dieser Millionen Getränke werden in Pappbechern ausgeschenkt. Bis 2015, so hofft das Unternehmen, wird ein Viertel davon aus recycelbaren Behältern getrunken werden. Da müssen auch die Kunden mitspielen. Und die reagieren am besten, wenn's ans Portemonnaie geht.

Als wir 1994 nach Washington zogen, konnten wir für fünfzehn Dollar einmal volltanken. Unglaublich! Diese Zeiten sind vorbei. Spätestens seit der Gallonenpreis für Benzin im Sommer 2008 zum ersten Mal die Vier-Dollar-Marke überschritt, interessieren sich die Menschen fürs Energiesparen. Im Vergleich zu Europa immer noch ein Traumpreis, ganz grob geschätzt halb so viel wie wir für Benzin ausgeben. Für die Amerikaner aber unvorstellbar. Sie erlitten einen *sticker shock* (benannt nach *sticker*, dem Preisschild), besonders heftig im District of Columbia. Die Zapfsäulen hier zählen zu den teuersten im ganzen Land. Kein Wunder, sagt sich so mancher, denn die Hälfte aller Tankstellen gehören einer einzigen Firma.

Was gute Worte nicht geschafft haben, bewirkt der finanzielle Druck. Mehr Menschen machen sich nun Gedanken, wie sie unterwegs und zu Hause Energie und damit Geld sparen können. Deshalb der Trend zum Fahrrad. Auch geben die Autofahrer ihrem Wunsch nach einem schicken, dicken Gefährt nicht mehr hemmungslos nach:

Der Absatz von Geländewagen sinkt. Das trifft übrigens besonders Frauen hart, denn sie sind die größten Fans der klotzigen Spritschleudern. »Bigger is safer«, sagen sie sich. Größer ist sicherer!

Amerika gilt nicht gerade als Vorreiter des Umweltschutzes. So pauschal ist das allerdings nicht richtig. Schon Mitte der 1990er-Jahre gab es in Washington imposante Bio-Supermärkte mit umfassenden Angeboten. Aus Deutschland kannten wir bis dahin nur diese kleinen Bioläden mit einem recht bescheidenen Angebot an verschrumpelten Karotten für weniger bescheidene Preise, in denen man überdies ein schlechtes Gewissen hatte, wenn man den Laden nicht in Birkenstock-Sandalen und Wollsocken betrat. In Washington dagegen erwartete uns Whole Foods Market (damals hieß es noch Fresh Fields) mit modernen großzügigen Verkaufsflächen, eigener Bäckerei, Käse- und Frischfleischtheke. Das Konzept der Kette sagte: Hier bekommt man alles. Keiner muss anschließend noch in ein anderes Geschäft. Wenn es gerade keine pestizidfreien Erdbeeren gibt, dann bieten wir eben die verpesteten an. Auch recyceltes Toilettenpapier, umweltfreundliche Putzmittel und Bio-Hundefutter findet man in den Regalen. Die Lebensmittel werden so appetitlich präsentiert, dass sofort der Magen knurrt und sich der Einkaufswagen wie von selbst füllt. Die durchschnittlichen Preise liegen etwas (aber nicht sehr viel) über dem Niveau eines regulären Supermarktes. Bei Whole Foods erhielten die Kunden schon in den 1990er-Jahren für jede Jutetasche, die sie mitbrachten, fünf Cent zur Belohnung. Seit 2010 darf in ganz D. C. keine Plastiktüte mehr ausgegeben werden, ohne eine Gebühr von mindestens fünf Cent zu verlangen. Das Geld wird für die Reinigung des Anacostia River verwandt. Whole Foods Market wirbt im Internet dafür, auch das tägliche Sandwich in wiederverwendbare Tüten zu stecken. Jeder kann helfen, jeden Tag. »Happy-Saving-The-Planet-During-Lunch!«, endet der Aufruf: »Glückliches-Rette-den-Planeten-während-der-Mittagspause!«

Das ökologische Bewusstsein des Durchschnittsbewohners von Washington ist sicherlich noch sehr ausbaufähig. Grün im politischen Sinne ist die Stadt nicht. Grün im eigentlichen Sinne dafür umso mehr. Unzählige Parks sind wie kleine und große Oasen im Stadtgebiet verteilt. Für manche lohnt sich auch eine weitere Anfahrt. Das National Arboretum verwandelt sich zur Blütezeit der Azaleen in einen rosaroten Traum. So etwas haben Sie noch nicht gesehen! Die Kenilworth Aquatic Gardens, Marschgelände wie vor der Gründung Washingtons, beherbergen Seerosen und Lotusblüten, die sich besonders am frühen sommerlichen Morgen in voller Pracht entfalten. Dumbarton Oaks, wesentlich zentraler, nämlich in Georgetown, ist ein bezaubernd angelegter Park mit Orangerie, Rosen- oder Asterngarten, je nach Saison. Wer es wilder mag, kann gleich nebenan im Montrose Park bis an den Rock Creek hinunterklettern.

Der Rock Creek läuft, etwas weiter nördlich, durch den Zoo, der übrigens keinen Eintritt kostet. Die größte Attraktion hier ist das Panda-Pärchen, das zum Leidwesen der Washingtonians nur aus China ausgeliehen ist. Jedes Kind (unsere Töchter natürlich auch) weiß, dass die beiden Tian Tian (er) und Mei Xiang (sie) heißen und dass sie es nach langen Anstrengungen geschafft haben, ein Baby zu bekommen, nämlich Tai Shan. Zufällig waren wir bei einem der dramatischen Zeugungsversuche sogar anwesend. Wenig zartfühlend machte sich Tian Tian über Mei Xiang her, obwohl die – so sah es jedenfalls für uns aus – keine Lust auf seine Liebesspiele hatte. Sie rannte immer wieder weg und schrie wie am Spieß. Mit unseren Kindern und einigen Freundinnen beobachteten wir das Schauspiel fasziniert von einer nahen Terrasse aus, während die amerikanischen Eltern ihre Kleinen packten und schnell vor weniger aufregende Käfige bugsierten. Mitarbeiter des Zoos verfolgten das Schauspiel über Kameras. Keiner kam Mei Xiang zu Hilfe, schließlich wartete ganz Washington ungeduldig auf den Nachwuchs.

Die *Washington Post* berichtete am nächsten Tag und gab dem erfolglosen Liebhaber Noten: Tian Tian erhielt eine Eins für seine Anstrengung und eine Sechs für seine Technik. Irgendwann sahen alle ein, dass es so nichts werden würde, und es gab medizinische Nachhilfe. Schließlich wurde im Juli 2005 Tai Shan geboren. Das Internetportal des Zoos brach immer wieder zusammen, der Ansturm auf die Videos vom Panda-Baby war gigantisch. Nach fünf Geburtstagspartys in D. C. wurde Tai Shan – wie versprochen – auf die Reise nach China geschickt. Nicht nur Kinder weinten. Nur Tian Tian und Mei Xiang zeigten sich nicht sehr berührt. Sie dürfen – vorerst – noch bleiben und mit ihnen die Panda-Boutique im Andenkenladen des Zoos. T-Shirts, Spiele, Kuscheltiere, Taschen und Bücher finden reißenden Absatz.

In Washington mussten wir uns gar nicht weit fortbewegen, um die Natur zu genießen. Wir brauchten nicht einmal in den nächsten Park oder den Zoo zu gehen. Wir hatten das *wildlife* direkt vor der Tür, manchmal auch im Haus. Unsere ersten Haustiere waren Kakerlaken, die Tom quasi persönlich begrüßten, wenn er nachts nach einem späten Dienst in die Küche kam. Das erste Mal haben sie uns noch in Panik versetzt, und wir haben voller Schrecken die *pest control* gerufen. Die haben unsere Küche gründlich mit Chemikalien verpestet, was wir ziemlich schnell bereut und daraufhin entschieden haben, dass die Kakerlaken das kleinere Übel sind, solange wir sie nicht in unseren Töpfen finden. Auch an die Opossums, die, ebenfalls nachtaktiv, ab und zu auf der Terrasse spazieren gingen, haben wir uns schnell gewöhnt. Doch eine unserer deutschen Besucherinnen bekam fast einen Herzinfarkt, als wir sie abends mal alleine ließen. Sie erwartete uns spätnachts im Flur: »Ich habe die größte Ratte meines Lebens gesehen!« Die Gattung gehört zu den Beutelratten, die herkömmlichen Ratten recht ähnlich sehen, aber nicht näher mit ihnen verwandt sind.

Auch in unserer Beziehung mit den kleinen rostfarbenen Eichhörnchen, den *squirrels*, gab es anfangs ein paar Missverständnisse. Wir dachten nämlich, wir könnten sie davon abhalten, das Vogelfutter zu fressen. Wir machten uns schlau und kauften ganz spezielle Futterhäuschen, die wir genau nach Anweisung weit weg von jedem Baum und jeder Mauer aufbauten. Die *squirrels* waren einfach nicht aufzuhalten. Zuletzt versuchten wir es mit einer Futterstelle in Form einer kleinen Laterne, die wir mitten auf dem Rasen eingruben. An dem dünnen Stab würde kein Eichhörnchen emporklettern können. Das Ding stand vielleicht zwei Tage da, weit und breit nichts, was als Sprungbrett hätte dienen können. Wir schauten aus dem Fenster und sahen, wie unsere kleine Laterne von links nach rechts schwankte, oben dran hing ein Eichhörnchen und versuchte verbissen, seine Nase in den zwei Millimeter breiten Spalt zum Vogelfutter zu drücken. Eins von diesen kleinen, frechen Viechern hat uns sogar mal in unserer Wohnung besucht. »Och, wie süß!«, sagten unsere Töchter. »Können wir das bitte, bitte behalten?« Nachdem das panische Tier aber auf der Suche nach dem Ausgang seine Krallen ausgefahren und eins der Kinder damit angesprungen hatte, änderten sie ihre Meinung sehr schnell. Nach diesem Überraschungsbesuch musste ein Tischler fünf auf ganzer Länge angeknabberte Fensterrahmen reparieren.

Pandabären hatten wir im Garten nicht zu bieten, wohl aber Waschbären, die häufig nachts übers Dach trabten auf dem Weg zu den vollen Mülltonnen der nahe gelegenen Kirche. Ein Pärchen schaute regelmäßig vorbei, wenn wir abends in Georgetown grillten, wobei einer in sicherer Entfernung sitzen blieb, während der andere sich etwas näher wagte, um auszukundschaften, was auf unseren Tellern lag. Stellt sich die Frage, ob das Männchen das Weibchen vorschickte oder umgekehrt. Nachdem wir so unsere Erfahrungen mit diversen Kleintieren gesammelt hatten, waren wir reif für etwas Größeres. Eines Nachts bellte unser Hund wie verrückt. Das machte er immer, wenn ein Nachbar sich traute, zu spät nach Hause zu kommen. Wir quälten uns aus dem Bett. Sabine schimpfte leise: »Schsch! Still!« Tom warf einen Blick aus dem Fenster und kam zu dem Schluss, dass man angesichts der speziellen Lage von diesem Hund keineswegs verlangen konnte, ruhig zu bleiben. »Sabine, guck mal raus, bevor du einfach ›Still!‹ sagst.« In unserem Vorgarten grasten in aller Ruhe fünf ausgewachsene Rehe. Das Gebell störte sie nicht. Nachdem sie fertig waren, begaben sie sich auf die andere Straßenseite und schritten würdevoll, eins nach dem anderen, auf dem Bürgersteig davon.

Hoya Saxa!

Keine bitteren Pillen für den Nachwuchs

Washington ist die ideale Stadt, um Kinder großzuziehen. Ein Elternmagazin erkor D. C. zur »best city for families«. Die familienfreundlichste Stadt in den Vereinigten Staaten! Uns zeigte sich die Begeisterung der Washingtonians für Kinder schon während Sabines Schwangerschaft. Niemand vergaß, sich zu erkundigen: »Wonderful, when is the baby due?« Wann denn das Baby komme, wollten alle wissen, von der Verkäuferin in der Drogerie bis hin zum flüchtig bekannten Nachbarn. Selbst wildfremde Leute freuten sich täglich mit uns. Da kam mitten auf der Wisconsin Avenue in Georgetown eine schwarze Amerikanerin lachend auf Sabine zu, strich über ihren Bauch und fragte: »Is it a boy or a girl?« Eine uns völlig unbekannte Frau! Als der süße, kleine Wurm dann endlich da war, beugten sich alle über den Kinderwagen, um ganz entzückt auszurufen: »What a cute baby!« Eltern und Großeltern konnten gar nicht genug davon bekommen, das allseits bewunderte Wesen immer wieder um den Block zu schieben: die O Street entlang zur 30th, den Berg hoch (uff!), einmal durch den Montrose Park und über die 31st Street wieder zurück. Auf diesem Weg war mindestens dreimal Lob und Begeisterung einzuheimsen. Auch später im Kindergarten gab man uns das Gefühl, dass unser Kind »very special«, also etwas ganz Besonderes sei. Kein Grund zum Hochmut, denn hier gilt jeder Mensch als außergewöhnlich und jeder – zumal im Kindesalter – scheint ein Anrecht darauf zu haben, dies immer wieder bestätigt zu bekommen.

Die Erzieherinnen im Kindergarten heißen *teacher*, und sie begreifen sich auch als Lehrkräfte. Sie beobachten ihre Schützlinge und beurteilen sie, machen rechtzeitig auf Schwächen aufmerksam, die in der späteren Schullaufbahn zu Problemen führen könnten. Aber vor allem tun sie eins: Sie loben und ermuntern! Schon den Vier- und Fünfjährigen werden viele Aktivitäten angeboten, die erste Schritte zum Lesen, Schreiben und Rechnen fördern sollen. Bereits in der Vorschule wird zu Elternsprechtagen eingeladen, um über die Entwicklung der Kinder zu informieren. In unserem Fall hatte sich die Vorschullehrerin, eine ältere, erfahrene Frau, gut vorbereitet. Sie hielt eine Mappe mit einigen »Werken« unserer fünfjährigen Tochter parat, sodass wir sehen konnten, wie sich ihre Mal- und Zeichenkünste in den vergangenen Monaten entwickelt hatten. Sie berichtete uns aus dem Schulalltag und schloss mit den Worten: »You have a wonderful child!« – Sie haben ein wunderbares Kind! So entließ sie uns mit dem Eindruck, unser Kind sei etwas ganz Besonderes, und wir wussten gleichzeitig, dass sie es verstand, den anderen Eltern ebenso dieses wunderbare Gefühl zu vermitteln. Wir waren überzeugt, dass unser Kind in guten Händen war.

Die Regeln im Kindergarten sind einfach und klar. Ihre Einhaltung wird konsequent, aber liebevoll umgesetzt. Während wir Erwachsene in Deutschland selbst permanent alle Prinzipien in Frage stellen, gibt es in Amerika einen eindeutigen und mehrheitlich akzeptierten Verhaltenskodex. Der gilt nicht nur in Kindergärten und Schulen, sondern auch zu Hause und auf dem Spielplatz. Auf den Spielplätzen im Voltapark in Georgetown oder im Turtle Park nahe der American University hörten wir immer wieder einen Satz: »That's the rule, honey!« – Das sind die Regeln, mein Schatz! Ein kleiner Junge möchte zum Beispiel auf die Schaukel, die besetzt ist, ein Mädchen möchte den Eimer, den gerade ein anderes Kind benutzt ... Es gibt natürlich Gezanke und Gejammer. Dem setzt die amerikanische Mutter recht schnell und entschieden ein Ende: »That's the rule, honey!« Darüber gibt es keine Diskussion. Nur selten wird eine Mutter dabei laut, aber wenn alles nichts hilft, schnappt sie ihr Kind und trägt es aus der Streitzone, um es abzulenken. Die Väter handhaben das ebenso, aber – wie in Deutschland – sind sie auch auf den Washingtoner Spielplätzen in der Minderheit.

Wir erinnern uns an einen Vorfall auf dem Schulhof: Eine Lehrerin ist gerade im Gespräch mit uns, als sie sieht, wie eine Fünftklässlerin achtlos eine Coladose zu Boden fallen lässt. Sie unterbricht unser Gespräch und geht sofort auf die Situation ein. »Ich zeige dir den Mülleimer«, sagt sie freundlich, nimmt das Mädchen an der Hand und begleitet es, bis der Müll dort ist, wo er hingehört. Eine disziplinierende Maßnahme, kein böses Wort ist gefallen. Die entschiedene Gelassenheit haben wir häufig bewundert und uns bemüht, davon zu lernen.

Eins allerdings wollten wir nicht übernehmen: die geradezu panische Angst vor Kindesentführungen. Je jünger die Kinder, desto übertriebener die Sicherheitsvorkehrungen. Kinder in D. C. werden von ihren Eltern auf Schritt und Tritt bewacht. Sie werden zur Schule, zu ihren Freizeitbeschäftigungen und zu ihren Freunden gefahren, und zwar nicht nur, weil das öffentliche Verkehrssystem nicht gut genug ausgebaut ist. Man schickt seine Kinder nicht allein mit Bus oder Metro durch die Stadt! So sehen das nahezu sämtliche Mittelstandseltern, jedenfalls solange sie die Wahl haben. Wer kein Auto hat und keine Zeit, sein Kind zu begleiten, verdrängt die Sorge mit schlechtem Gewissen. Sieht man im Distrikt doch mal ein Kind ohne Begleitung auf der Straße oder im Bus, so fällt das auf. Auch wir haben uns immer sofort gefragt: Was ist los? Braucht das Kind Hilfe? Die Hysterie scheint ansteckend zu sein. Dabei sind Kindesentführungen durch Fremde hier wie in Europa traurige Einzelfälle. Auf diese allerdings stürzen sich die Medien noch lüsterner als in Deutschland, schüren Panik und suggerieren, jede Familie müsse permanent auf der Hut sein, um nicht morgen schon zu den Opfern zu gehören.

Was tun, wenn das Baby gerade eingeschlafen ist und die gestresste Mutter nur kurz etwas aus der Reinigung holen will? Das dauert keine fünf Minuten. Riskieren, das Baby zu wecken und dann zwei Stunden einen Schreihals ertragen? Ach was. Klack, Auto zu, schnell ›rein-laufen. Bin gleich zurück. Das haben wir in Washington nur wenige Male gewagt, bis uns nämlich dämmerte, dass wir wahrscheinlich eines Tages Polizei und Feuerwehr vor unserem Wagen antreffen würden. Es ist gesetzlich nicht erlaubt, Kleinkinder allein im Auto zu lassen, auch nicht für wenige Minuten und bei angenehmen Temperaturen. Was da alles passieren könnte! Einmal ließen wir unsere drei- oder vierjährige Tochter in der Pentagon City

Mall zehn Meter vor uns herlaufen. Zwei vorübergehende Damen wurden sofort unruhig: »Wessen Kind ist das?« Wir ernteten ungewöhnlich böse Blicke und kamen nicht ohne Mahnung davon: »Passen Sie besser auf Ihr Kind auf! Sie wissen doch, was alles passieren kann.«

Auch in den eigenen vier Wänden kann man sich nie sicher fühlen. »Wissen Sie wirklich, was Ihr Babysitter macht? Wir beobachten Ihr Kindermädchen im Haus. Ihr Kind ist es wert!«, wirbt eine Anzeige in einem Lokalblättchen für die Installation versteckter Kameras. Sich ein polizeiliches Führungszeugnis zeigen zu lassen gehört für viele Eltern zur Routine. Die Agentur White House Nannies setzt »goldene Standards« für Kinderbetreuung in der Hauptstadt und betont, dass sie ihre Nanny-Kandidatinnen und ihren Hintergrund hundertprozentig durchleuchtet. Wir verzichteten auf solch »übertriebene« Vorsichtsmaßnahmen und gaben unsere Kleinen ab und zu in die Obhut einer jungen Frau, die uns von einer Nachbarin empfohlen wurde. Ein paar Wochen später wurden wir eines Besseren belehrt. Es stellte sich heraus, dass die Babysitterin uns nach Strich und Faden beklaut hatte. Während wir außer Haus waren, hat sie jeden Winkel unseres Hauses durchsucht und aus jeder Ecke etwas mitgehen lassen. Natürlich fragten wir uns, wie sie wohl die Kinder in unserer Abwesenheit behandelt hat, und mochten uns gar nicht ausmalen, was ihnen hätte widerfahren können. Aber unsere Kinder liebten sie. Wir bemühten uns, trotz dieser Erfahrung nicht hysterisch zu werden.

Im Land der Freiheit hat man keine Hemmungen, Vorschriften zu machen und dafür zu sorgen, dass sie befolgt werden. Auch in der Schule nicht. Die Hyde School in Georgetown bietet wie die meisten Grundschulen auch *kindergarten* und *preschool,* Kindergarten- und Vorschulgruppen für die Vier- bis Fünfjährigen an.[1] Und so trippelten wir jeden Morgen mit unserer Fünfjährigen ein paar Hundert Meter durch die O Street, um sie in dem roten Backsteingebäude abzuliefern. Allmorgendlich wurden die Schüler und Schülerinnen aufgefordert, das Treuegelöbnis abzulegen. Punkt neun Uhr begaben sich zwei Mitschüler zur Sprechanlage ins Büro der Schulleiterin. »What's up, Hydsters, hört die Morgenansage!«, hörten wir einmal zwei zehnjährige Jungs ins Mikrofon schmettern. Sie stellten sich vor als Tasy und Jeremiah und lasen weiter: »Welcome to another cool day at Hyde!« Dann forderten sie ihre Mitschüler auf, für die »Pledge of Allegiance« aufzustehen, und in allen Klassen murmelte es: »Ich gelobe Treue der Fahne der Vereinigten Staaten von Amerika und der Republik, für die sie steht, eine Nation unter Gott, unteilbar, mit Freiheit und Gerechtigkeit für alle.« Es folgten eine kurze Wettervorhersage, Glückwünsche für den Eiscreme-Gewinner und die Geburtstagskinder des Tages sowie ein Hinweis auf das kommende Halloweenfest. »Thanks for your attention«, verabschiedeten sich Tasy und Jeremiah. »Have an exciting day and a good weekend!« Eine Reihe von Kindern an der Schule haben nicht einmal die amerikanische Staatsbürgerschaft. Daran stört sich niemand. Alle wollen dazugehören.

Selbstverständlich gibt es Vorschriften, was die Kleidung angeht. Tank-Tops mit Spaghettiträgern, absichtlich zerschnittene Hosen oder Piercings spielten in dem Alter natürlich noch keine Rolle. Aber auf anderes wurde geachtet. So verwirrte uns unsere Fünfjährige eines Tages mit einer Nachricht aus dem *kindergarten*: »Die Lehrerin hat gesagt, wenn ich ein Kleid anziehen will, dann soll ich auch eine Hose anziehen.« Wir fürchteten, den letzten modischen Trend für Vorschulkinder verpasst zu haben, und fragten nach, was es damit auf sich hätte. »Oh«, antwortete die Klassenlehrerin, »das ist wirklich keine schlechte Idee! Denn kleine Mädchen sind sich ihrer *private parts* nicht immer bewusst. So kommt es beim Spielen und Turnen vor, dass ihr Kleid hochrutscht. Und das könnte wiederum das Interesse der Jungen wecken.« Die *private parts* – damit sind die Geschlechtsteile gemeint. Wir versuchten uns vorzustellen, wie sich lüsterne Blicke der Kindergarten-Buben auf rosa geblümte Schlüpferchen richten. Die Lehrerin fuhr unbeirrt fort: »Bei den Vierjährigen achten wir noch nicht so sehr darauf, aber bei den Fünfjährigen wollen wir langsam bestimmte Gewohnheiten einführen. Denken Sie nur, wenn die Mädchen draußen Rad schlagen oder so.«

Die Erziehungsabsichten der Lehrerin fielen bei unserer Tochter und ihren kleinen Freundinnen auf fruchtbaren Boden. Sie verteidigten ihre *privacy* mit Hingabe. Die drei, vier Jahre alten Freundinnen unserer Kinder weigerten sich, ins Planschbecken in unserem Garten zu steigen, weil sie keinen Badeanzug dabeihatten. Als wir eines heißen Sommertages nackte Kinder auf dem Spielplatz im Voltapark planschen sahen, geriet unser Amerikabild fast aus den Fugen. Wir trauten unseren Augen nicht, denn normalerweise lässt man nicht mal Babys nackt herumkrabbeln, nicht am Strand, nicht im Park, nicht am Swimmingpool. Man kauft stattdessen dem *baby boy* ein Höschen und dem *baby girl* einen kleinen Badeanzug. Einmal wurden wir im Schwimmbad Zeugen, wie eine Mutter versuchte, ihrem Baby die Windel unter vorgehaltenem Badetuch zu wechseln, was geradezu akrobatische Fähigkeiten erforderte. Und in einem Park beobachteten wir, wie eine Amerikanerin eine kleine Schildkröte fand. Vorsichtig nahm sie das Tier auf und erklärte einer Gruppe von Kindern, wie man es am besten anfasst, nämlich wie ein belegtes Brötchen, vier Finger oben und den Daumen unten. »Nicht am hinteren Ende anfassen!«, mahnte sie, denn: »That is the bathroom end.« Schildkröten haben also »Badezimmer- bzw. Toiletten-Enden«. Die Amerikaner sind Meister der Euphemismen. So kommen sie auch auf Tarnworte wie *private parts*.

Die Vokabel »privacy« lernen Kinder schon kurz nachdem sie zum ersten Mal »mommy« gesagt haben. Auch gegenseitiger Respekt wird von klein auf trainiert. »Wenn du nichts Nettes zu sagen hast, dann sag besser gar nichts!« So lautet ein Standardsatz amerikanischer Eltern, wenn Geschwister sich streiten. Das erklärte uns John, Toms Kollege im ARD-Studio: »Wir alle – und zwar wirklich alle – bekommen das als Kinder eingetrichtert.« Ebenso saugen Kinder bereits mit der Muttermilch auf, dass man sich vorstellen sollte, wenn man jemanden zum ersten Mal trifft: »Hi, my name is Mary. Nice to meet you.« – »Hi, Mary, I am Joe. How are you?« Schon Kinder kennen die Mittel, einen freundlichen Small Talk am Laufen zu halten und wissen, wie man Neuankömmlinge integriert. »Where are you from?« Das gilt in der Schule ebenso wie auf Partys.

Jedes Jahr wurden an den Schulen unserer Kinder alle Klassen eines Jahrgangs durcheinandergewürfelt, um so der Cliquenbildung entgegenzuwirken und ungünstige Konstellationen aufzuheben. Natürlich sind einige Schüler traurig, nicht mehr neben der besten Freundin zu sitzen. Aber sie sehen sich weiterhin auf dem Schulhof, und außerdem bietet eine neue Klasse auch jedes Mal neue Chancen, vor allem für die, die sich im alten Klassenverband nicht so gut aufgehoben fühlten. Für die Lehrkräfte dagegen gibt es weniger Veränderungen: Sie haben ihren eigenen Raum, in dem sie jedes Jahr wieder denselben

Jahrgang empfangen. Dementsprechend ist das Klassenzimmer oft sehr liebevoll eingerichtet und geschmückt. Es kann also sein, dass eine Lehrerin über Jahre hinweg zum Beispiel nur fünfte Klassen unterrichtet. Was den Lehrstoff angeht, bleibt ihr nicht allzu viel freie Auswahl. Es soll sichergestellt werden, dass alle Kinder das Gleiche lernen. Vor den Klassenarbeiten in der Grundschule erläuterte die Lehrerin haarklein, was sie abfragen würde. Tenor: »Wenn du diese Dinge lernst und beherzigst, wirst du eine Einser-Schülerin.« So haben die Kinder Kontrolle über ihre Leistung. Das Konzept lautet: »Lass mich dir helfen, erfolgreich zu sein.«

Unsere Töchter haben aufgrund mehrerer Umzüge häufig die Schule gewechselt. Sie kennen neben der Deutschen Schule zwei *public schools* in Washington, die Hyde School in Georgetown und die John Eaton School in der Nähe der National Cathedral. Der Wechsel verlief jedes Mal problemlos, denn was Integration angeht, scheinen Amerikaner oft ein »gutes Händchen« zu haben. Damit meinen wir sowohl die Einbeziehung von »Neuen« in die Gemeinschaft im Allgemeinen, als auch die Integration von Einwanderern.

Gerade in Washington müssen unzählige Nationalitäten unter einen Hut gebracht werden. Einwanderer aus Mexiko und anderen lateinamerikanischen Ländern, aus Vietnam, Korea und Japan, Kinder von Diplomaten, Politikern und Journalisten aus aller Welt, deren Eltern für ein paar Jahre entsandt sind, und natürlich amerikanische Kinder aus vielen verschiedenen Bundesstaaten, deren Eltern für eine Weile in der Hauptstadt arbeiten. In den Klassen unserer Kinder waren alle Hautfarben vertreten. Ihnen selbst fiel gar nicht auf, wie unterschiedlich alle aussahen, es spielte keine Rolle.

Neue Schülerinnen und Schüler erhalten ein Formular, das die Hintergründe ihrer Sprachfähigkeiten ergründen soll. »Wird zu Hause noch eine andere Sprache als Englisch gesprochen?« wird da etwa gefragt. Wir kreuzten »ja« an, denn unter uns sprachen wir meist Deutsch. Wie alle Kinder, die in der Familie nicht ausschließlich Englisch sprachen, wurden unsere beiden zu einem amtlichen Test geschickt. Sollte sich hierbei herausstellen, dass die Englischkenntnisse nicht ganz dem Niveau der Klassenstufe entsprechen, gibt es Förderunterricht. An der John Eaton School war die Förderlehrerin für mehrere Klassen zuständig. Sie erteilte einzelnen Kindern Extra-Unterricht und kam ab und zu in den regulären Unterricht, um ihnen beim Verstehen der Aufgaben zu helfen.

Eins haben wir als Eltern sehr genossen: die einheitlichen Schulzeiten. Jeden Tag – wirklich jeden Tag – gingen unsere beiden Schulkinder um 8.30 Uhr aus dem Haus und kamen um 15.30 Uhr zurück. Für Verkehrsteilnehmer ist um diese Zeiten besondere Vorsicht geboten. Manche Straße wird zum Engpass, weil Eltern lange Autoschlangen bilden, wenn sie nach Unterrichtsende auf ihre Kinder warten. Die gelben Schulbusse dürfen keineswegs überholt werden, wenn sie auf der Straße stoppen, um Kinder abzusetzen.

Unsere beiden, neun und elf Jahre alt, konnten zu Fuß gehen. Aber wir hatten jedes Mal, angesteckt vom Klima der Besorgnis um uns herum, ein schlechtes Gewissen, sie ganz allein ziehen zu lassen: ein Schulweg von sechs bis sieben Minuten zu zweit… Die Kernschulzeiten waren absolut verlässlich, Unterrichtsausfall gab es nicht. In Washington wurde keins unserer Kinder jemals frühzeitig nach Hause geschickt, weil etwa ein Lehrer krank oder verhindert war. Darüber hinaus hatten berufstätige Eltern die

Möglichkeit, ihre Kinder gegen Bezahlung vor und nach dem regulären Unterricht – *before and aftercare* – in der Schule zu lassen. Dort konnten sie entweder ihre Hausaufgaben erledigen oder an Freizeitaktivitäten, wie Sport- oder Bastelgruppen teilnehmen. Die regelmäßigen Schulzeiten gaben den Kindern und der ganzen Familie einen Rhythmus. Sie machten den Alltag planbar.

Bis dann die Sommerferien kamen. Drei Monate Pause, manchmal sogar etwas länger. Und das ausgerechnet in einem Land, in dem kaum ein Berufstätiger länger als zwei Wochen Urlaub nimmt, wenn überhaupt. In dieser Zeit werden die *summer camps* angeboten. Das sind keinesfalls mehrwöchige Zeltlager am See oder in den Bergen (wie der Begriff *camp* vielleicht vermuten lässt), sondern Tagesaktivitäten, die zum großen Teil in Schulen oder Kindergärten stattfinden: Schwimmen oder Tennis, Malen oder Musizieren, Kochen oder Gärtnern – für jedes Kind ist etwas dabei. Mit Kosten von mindestens zweihundert Dollar pro Woche müssen die Eltern rechnen. Natürlich können Sie ihr Kind auch anmelden, wenn Sie nur zu Besuch in Washington sind. Die Betreuung übernehmen nicht selten dieselben Lehrkräfte, die sich auch das Jahr über um die Kinder kümmern.

Das klingt bis hierher nach einer mehr oder weniger idealen Schulwelt, und es funktioniert auch sehr gut, wenn, ja wenn man das Glück hat, eine gute öffentliche Schule in der Nähe zu haben. Leider sind diese insbesondere im District of Columbia nur selten zu finden. Die amerikanische Hauptstadt ist bekannt und berüchtigt für ihre desolate Bildungspolitik. Die große Mehrzahl der *public schools* ist hier so wenig vertrauenerweckend, dass junge Familien, sobald ihre Kinder das schulpflichtige Alter erreicht haben, in Scharen die Stadt verlassen, um von besser geführten *public schools* in den Nachbarstaaten Maryland und Virginia zu profitieren. Denn ansonsten bleiben nur teure Privatschulen, und das können sich viele nicht leisten. Wir hatten großes Glück. Die Hyde School – nur fünf Minuten von unserem Domizil in Georgetown entfernt – galt (und gilt) als eine der wenigen lobenswerten öffentlichen Schulen. Auch Eltern aus anderen Stadtteilen schicken ihre Kinder hierher, glücklich, in einer der wenigen akzeptablen Grundschulen der Stadt untergekommen zu sein.

Ob eine öffentliche Schule gut funktioniert, das hängt zunächst vom Schulleiter ab, von seinem Engagement, seiner Kompetenz und seinem Geschick. Die Hyde School dämmerte jahrelang vor sich hin, bis sie einen neuen Schulleiter bekam, der es verstand, das Kollegium zu motivieren und dafür zu sorgen, dass die Schule ein möglichst großes Stück vom kommunalen Kuchen erhält. Darüber hinaus braucht eine Schule aktive Eltern, die Zeit und Geld investieren. Ohne zusätzliche Ressourcen reicht der Etat nur zur Vermittlung des Basiswissens: Rechnen, Lesen und Schreiben. Eine Bücherei, einen Sportlehrer, Kunst- und Musikprogramme – das alles gibt es nur, wenn die Schulgemeinde sich selbst dafür einsetzt. So haben wir auf dem Schulhof Weihnachtsbäume verkauft. Ein Großhändler, zu dem irgendein Vater oder eine Mutter Kontakt hatten, hat sie preiswert abgegeben. Wir haben sie dann den Käufern nach Hause gebracht, einmal sogar in kurzen Hosen, weil Ende November plötzlich wieder sommerliche Temperaturen über Washington hereinbrachen. Da kamen wir mitten im Winter beim Auf- und Abladen der Tannenbäume ins Schwitzen! Der Gewinn ging an die Schule. Ältere Schüler und Schülerinnen ziehen oft mit Süßigkeiten, die ein Händler gespendet hat, von Tür zu Tür oder durch die Straßen. Viele Amerikaner kaufen diese, weil sie das aus der eigenen Kindheit kennen. Also, wenn Ihnen mal ein Kind eine Schachtel Pralinen unter die Nase hält, seien Sie ruhig ein bisschen großzügig: Der Erlös ist für die Schule.

Die Ideen zur Aufbesserung des Schulhaushaltes sind vielfältig. Fast jede Schule organisiert übers Jahr verschiedene *fundraiser:* Theater- und Musik-Aufführungen, Flohmärkte und Kinderfeste, internationale Büfetts. Die Schule kassiert Standgebühren, Beiträge oder Prozente vom Umsatz. Den Höhepunkt zum Ende des Schuljahres bildet häufig eine festlich gestaltete Auktion, monatelang vorbereitet von einem Elternkomitee. So eine Versteigerung bringt einer durchschnittlichen Schule eine fünfstellige Summe ein. Das Ergebnis ist abhängig vom Schultyp und der Herkunft der Schüler. Eine Schule, die sehr wohlhabende Familien zu ihrer Klientel zählt, verbucht auch gut und gerne mal eine sechsstellige Summe. Die John Eaton School, die unsere Kinder später besuchten, ist eine öffentliche Schule mit sehr gemischter Schülerschaft. Sie listete in ihrem Auktionskatalog mehrere Hundert Objekte auf im Wert von fünfundzwanzig bis dreitausend Dollar. Der Luxusknaller war eine Woche in einem Ferienhaus für elf Personen auf der beliebten Ostküsteninsel Martha's Vineyard – eine Familie stellte ihren Besitz zum Wohle der Schule zur Verfügung. Wer weniger betucht ist, steuert seine Zeit bei: Mütter, Väter und Großeltern organisieren Vorleseabende oder Zoobesuche für Kindergruppen. Das »Honorar« geht an die Schule. Andere Eltern sind Fotografen, Zahnärzte, Psychologen, Klavierlehrer, Computerspezialisten, Fitnesstrainer oder gute Köche und bieten ein, zwei Sitzungen oder Unterrichtsstunden an. Gezahlt wird an die Schule. Das Lieblingsrestaurant, der Stammfriseur, der Buchladen um die Ecke, der Malereibetrieb, alle können etwas beitragen. Amerikanische Unternehmen sind diese Anfragen gewöhnt und sagen nur selten Nein. Nicht nur die Schule, sondern alle Beteiligten profitieren von solch einer Auktion: Vom Zahnarzt bis zum Maler haben sie die Chance, neue Kunden und Klienten zu gewinnen. Die Käufer auf der anderen Seite erhalten das Kunstwerk, den Yogakurs oder den afghanischen Teppich zu einem günstigeren Preis als auf dem offenen Markt. Auch die Kinder sorgen für ein Gelingen der Aktion: Die eine Klasse nähte einen Wandteppich, der für sechshundert Dollar wegging, die andere gestaltete ein dreidimensionales Bild, das vierhundert Dollar einbrachte. Insgesamt erbrachte die Auktion beeindruckende siebzigtausend Dollar für die Schule. Solche Unternehmungen bringen nicht nur Geld, sie haben obendrein etwas sehr Verbindendes. Eltern, Kinder und Lehrer (die machen selbstverständlich mit) lernen sich über Klassenverbände hinaus kennen. Ohne die *fundraiser* hätte es an den Schulen unserer Kinder keinen Musik- oder Sportunterricht, erst recht keine Bibliothekarin gegeben.

Das bedeutet, welche Möglichkeiten eine Schule bietet, hängt nicht zuletzt von ihrer Lage ab. In Gegenden, in denen die Eltern nicht gebildet genug sind oder unsicher, desinteressiert oder zu arm, um etwas auf die Beine zu stellen, haben auch die Schüler keine Chance. Das Angebot einer Schule, die allein mit öffentlichen Mitteln auskommen muss, reduziert sich auf ein Minimum. Dementsprechend gilt die Gleichung: Je gebildeter, ambitionierter und wohlhabender die Elternschaft, desto besser die Schule. Von Chancengleichheit kann im District of Columbia nicht die Rede sein. Das fängt schon bei den Kindergärten an. Sie sind selten öffentlich. Sie werden entweder von einer Kirche oder als private Unternehmen geführt und müssen dementsprechend teuer bezahlt werden. Das ist uns schmerzlich bewusst mit jedem Satz, den wir über unsere guten Erfahrungen in freundlicher, mittelständischer Nachbarschaft schreiben.

Einmal im Jahr müssen alle Schulkinder einen Standardtest im Rechnen, Lesen und Schreiben bewältigen. Die Ergebnisse werden veröffentlicht, sind etwa in der *Washington Post* nachzulesen und dienen den Eltern als Orientierung für die Beurteilung einer Schule. Dabei wird auch angegeben, wie viele Kinder *subsidized lunch* erhalten, also eine finanzielle Unterstützung für das Mittagessen. Daraus lassen sich Rückschlüsse auf die soziale Zusammensetzung der Schülerschaft ziehen und damit auch auf die Sicherheit der Schule. Gerade in einer Stadt wie D.C., in der es nicht nur zu Schlägereien, sondern immer wieder auch zu Schießereien an Schulen kommt, ist das vielen Eltern sehr wichtig.

Heute gibt es an jeder öffentlichen Schule in Washington einen Wachdienst. Dazu haben zwei Ereignisse geführt: Nine Eleven und die Attacken eines Scharfschützen, der 2002 nicht nur Baumärkte und Tankstellen, sondern auch Schulen ins Visier nahm. Am Eingang der John Eaton School saß immer eine Angestellte eines privaten Wachdienstes und pochte darauf, dass sich jeder Besucher in eine Liste eintrug. Wirklich nötig war das auf den ersten Blick nicht. Wir konnten keine Aggressionsprobleme feststellen, die Kinder waren höchstens zwölf Jahre alt. Aber wer weiß, vielleicht gab es auch keine Schwierigkeiten, *weil* der Wachdienst da war. In den öffentlichen Middle- und Highschools werden obendrein Metalldetektoren eingesetzt. Das gehört einfach zum Schulalltag. Die empfehlenswerten öffentlichen Middle- oder Highschools in D.C. lassen sich an einer Hand abzählen. Wenn die Kinder größer werden, bleiben für bildungsorientierte Eltern fast nur noch Privatschulen.

Je anspruchsvoller die Ausbildung, desto größer die Kosten. Universitäten nehmen happige Studiengebühren, an der privaten Georgetown University zum Beispiel mindestens fünftausend Dollar im Jahr. Öffentliche Universitäten verlangen immerhin noch ungefähr die Hälfte. Im Gegenzug erwarten sie von ihren Sprösslingen sichtbare Leistungen und einen Abschluss so früh wie möglich. Die meisten Eltern fangen schon bei der Geburt des Kindes an, für die spätere Ausbildung zu sparen.

Wer sich eignet, aber nicht selbst für die Ausbildung aufkommen kann, kann Unterstützung in Form von Darlehen und Stipendien beantragen. Sehr viele Studenten erhalten eine Art Nachlass oder finanzielle Unterstützung, sodass die Kosten nicht zu hundert Prozent von der Familie getragen werden müssen. Obwohl es so teuer ist, hat die Uni die Wahl: Rund ein Viertel der Bewerber lehnt sie jährlich ab. Das hat keine finanziellen Hintergründe. Bei der Auswahl der Studentinnen und Studenten schaut die Universität zunächst nicht auf den Geldbeutel der Eltern, sondern auf die akademischen, sportlichen und sozialen Leistungen der Kandidaten.

An höheren Lehranstalten ist das Spendeneintreiben ein richtiger Job. Die American University (kurz AU genannt) in Washington hat, wie viele Hochschulen, eine ganze Abteilung, die potenzielle Geldgeber anzapft. »Erst finden wir heraus, wer als Spender in Frage käme«, ließ sich Tom von einem Spendenexperten während eines Basketballspiels der AU-Mannschaft erläutern.

»Wir pflegen gezielt den Kontakt, laden zu Treffen mit dem Direktor und natürlich zu Sportveranstaltungen ein. Und dann bitten wir um Geld. Ein Drei-Phasen-Modell.« Auf den Zuschauerrängen des Basketballfelds sitzen vor allem ehemalige Studenten, die sich ihrer Alma Mater verbunden fühlen. Solche Alumni bilden die Hauptzielgruppe der Spendenabteilung. Während des Spiels traf Tom auf Bob Sokolove, Anwalt und Sportfan. Als Förderer der American University bekommt er Tickets für Heimspiele und wird in der Halbzeitpause am Büfett verwöhnt. Seine Ausbildung hat ihn seinerzeit Zehntausende Dollar gekostet, aber er fühlt sich trotzdem verpflichtet, heute zu helfen. »Ohne Spenden gäbe es diese Universität nicht. In Europa sorgt der Staat dafür, aber hier sind viele Unis privat. Ich wäre ohne diese Uni kein Anwalt geworden. Jetzt ist es nur fair, dass ich anderen eine Ausbildung ermögliche.« Die Basketballspiele sind für ihn eine attraktive Möglichkeit, Kontakt zu halten und gleichzeitig seinem Hobby nachzugehen.

Dazu muss man wissen, dass Jugendsport in den USA von klein auf mehr in der Schule als in Vereinen stattfindet. Die Spiele sind oft der Höhepunkt der Woche und fördern den Zusammenhalt. Kaum jemand verpasst sie. Man trifft sich mit Freunden auf der Tribüne und unternimmt danach noch gemeinsam etwas. Die besten Athleten bekommen Stipendien an Universitäten, manche Schüler verdienen damit sogar Geld. Die großen Vereine schicken ihre Talentspäher zu Universitätsspielen. Manche Athleten genießen Starstatus auf dem Campus. Ein erfolgreiches Sportprogramm zieht die Alumni an und öffnet ihre Portemonnaies.

Wenn sie durch Georgetown schlendern, wundern sie sich vielleicht hier oder da über ein Graffiti mit dem Wort »Hoya«. Die Hoyas sind die Sportler der Georgetown University. Insbesondere das Basketballteam der Männer ist sehr populär. Vielleicht lesen Sie auch mal »Hoya Saxa«, eine Wortschöpfung der Studenten schon aus dem 19. Jahrhundert, eine Mischung aus Griechisch und Latein, die so viel bedeutet wie: »What rocks!« Mit anderen Worten: Diese Uni ist dynamisch.

In vielen Hochschulen arbeiten Dutzende Angestellte in den Spendenabteilungen. Bei besonderen Kampagnen, etwa wenn ein neues Gebäude errichtet oder ein neuer Fachbereich eröffnet werden soll, werden zusätzlich Studenten eingespannt. Zehn Millionen Dollar werden der American University pro Jahr von früheren Studenten gespendet. Natürlich sind nicht alle Ehemaligen offen für solche Anfragen. Auch Firmen unterstützen Hochschulen häufig, am liebsten gezielt solche Bereiche, die mit ihrer Branche zu tun haben, damit sie später gut ausgebildete Studenten anwerben können. Das Engagement erfolgt also nicht aus reiner Nächstenliebe. Aus manchen öffentlichen Ausgaben zieht sich der Staat immer mehr zurück. Es sind die Bürger, die ihn dazu zwingen, knauserig mit ihren Steuern umzugehen. Dieselben Bürger, die dann großzügig alles fördern, was sie für wichtig halten. Man kann das so zusammenfassen: Amerikaner spenden viel und gern, aber sie wollen es freiwillig tun.

Aus diesem Grund schrecken sie auch davor zurück, soziale Absicherung zu institutionalisieren. Die klassische Hausfrau ist in Washington eher selten anzutreffen. Die meisten Frauen in der Hauptstadt sind berufstätig. Aber Mutterschutz ist hier ein Fremdwort. Die USA gehören zu den wenigen Nationen der Welt, die Müttern keinerlei staatliche Unterstützung oder besonderen Schutz gewähren. Sie befinden sich diesbezüglich auf demselben Niveau wie Papua-Neuguinea und Swasiland. Es gibt weder bezahlten Mutterschutz noch Elternzeit, weder Kinder- noch Elterngeld. Berufstätige Amerikanerinnen bekommen ihr Baby quasi im Urlaub. Nach der Devise »Schwangerschaft ist keine Krankheit« sitzen Managerinnen im Büro, bis die Wehen einsetzen. Nach der Geburt gewährt das Gesetz sechs Wochen Pause, doch keineswegs automatisch bei vollem Gehalt. Wie viel eine Frau erhält, hängt von der Dauer ihrer Betriebszugehörigkeit ab. Die vielen *federal workers* in D. C., die Bundesangestellten, genießen wenigstens ein Minimum an Absicherung. Trotzdem: Nirgendwo gibt es so viele Frauen in hohen Managerpositionen wie ausgerechnet in den USA. Im ambitionierten Klima dieser Stadt lassen sich Frauen durch Kinder nicht von ihrer Karriere abhalten.

Aber mehr als in anderen Industrienationen gilt hier auch die umgekehrte Feststellung. Frauen lassen sich durch ihre Karriere nicht von Kindern abhalten, wenigstens seltener als in vergleichbaren Ländern. Obwohl in den USA wie in anderen Industrienationen immer weniger Kinder geboren werden, liegt die Geburtenrate immerhin bei 2,1 Kindern pro Frau, und das keinesfalls nur wegen der vielen Einwanderer aus weniger entwickelten Ländern. Vielleicht kommen Amerikanerinnen, wenn sie an Kinder denken, nicht zuerst die Arbeit und die Kosten in den Sinn, sondern die Freude und das Vergnügen, das Kinder mit sich bringen können. Vielleicht denken sie auch gar nicht großartig darüber nach, weil Kinder einfach dazugehören. In Washington jedenfalls hat man das Gefühl, sie sind überall willkommen. An jeder Kreuzung sind die Bürgersteige abgesenkt, jeder Museumseingang verfügt über eine Rampe – für Kinderwagen wie für Rollstühle. Jede Metrostation verfügt über einen Fahrstuhl. Und falls der mal ausfällt, ist die Metro verpflichtet, Behinderten den Transport zur nächsten Station anzubieten. In Einkaufszentren kann man Buggys ausleihen. Es gibt Spielplätze und Parks mit Picknicktischen für große Kindergeburtstage. In der Apotheke bekommen wir keine bittere Medizin, die das kranke Kind gleich wieder ausspuckt, nein, der Apotheker fragt freundlich: »What flavor for the baby?« Welche Geschmacksrichtung darf's denn sein für das Baby? Banane, Erdbeer oder Vanille? Im Restaurant werden zuallererst *crayons*, also Wachsstifte und Papier an die Kleinen verteilt. Und wenn sie dann die Reste ihrer Pizza unter dem Tisch verkrümelt haben, runzelt niemand die Stirn. »Don't worry, we take care of that!« Keine Sorge, wir kümmern uns darum. In Washington heißt es: »Kids welcome!«

¹ Der amerikanische Begriff *kindergarten* ist nicht ganz deckungsgleich mit dem deutschen *Kindergarten*. Der *kindergarten* ist die Vorschule für die Fünfjährigen. Der Kindergarten für die jüngeren Kinder nennt sich *preschool* oder *pre-k* (für *pre-kindergarten*). *Kindergarten* und *pre-k* befinden sich oft in den Grundschulgebäuden.

Shop til you drop

Sparen, indem man viel ausgibt

Einkaufen gilt in den USA als Hobby. Am Wochenende und an Feiertagen wälzen sich ganze Familien durch die Shoppingmalls, die meist am Stadtrand gelegenen Einkaufszentren. Dort stärken sie sich zwischen Schuh- und Hemdenkauf in den preiswerten *food courts*, wo eine ganze Reihe von Selbstbedienungsrestaurants für jeden Geschmack etwas bietet: Hamburger, Pizzas, asiatisches Huhn, mexikanische Tacos, Hotdogs und klebrige Zimtrollen. Nach dem Einkaufsbummel geht's ins Kino, das eine gute Mall natürlich auch zu bieten hat. Mancher Konsumtempel wirbt mit recht ungewöhnlichen Attraktionen. Nur an wenigen Feiertagen bleiben die Einkaufspaläste geschlossen, nämlich an Thanksgiving, am ersten Weihnachtsfeiertag, an Neujahr und am Ostersonntag. Alle anderen Feiertage scheinen geradewegs zum Einkaufen geschaffen worden zu sein. Mit riesigen Anzeigen wird schon Wochen vorher geworben für den Memorial Day Sale, Labor Day Sale, Columbus Day Sale, Martin Luther King Day Sale… Obwohl

Kolumbus die Neue Welt nicht an einem Montag entdeckte und auch Martin Luther King keineswegs jedes Jahr montags Geburtstag hatte, liegen alle diese Feiertage auf dem ersten Tag der Woche. So regelt es ein Gesetz, um die Unterbrechungen im Arbeitsalltag zu reduzieren und den Arbeitnehmern ein langes Wochenende zu ermöglichen. Der hoffnungsvollste Tag im Jahr ist Cyber Monday, auch Black Monday genannt. Es ist der Montag nach Thanksgiving. An diesem Feiertag, immer der vierte Donnerstag im November, tauschen die Familienmitglieder traditionell ihre Wunschlisten aus. Am nächsten Tag – viele haben freigenommen – rennen alle in die Mall, um die ersten Weihnachtseinkäufe zu tätigen. Das ist der Black Friday, an dem die Einzelhändler beginnen, hohe schwarze Zahlen zu schreiben. Die *e-biz*-Rate *(electronic business)* dagegen schnellt erst am folgenden Montag in die Höhe, dem ersten Arbeitstag nach Thanksgiving. Online-Shopping, so haben Marktforschungen ergeben, findet hauptsächlich im Büro statt. Die meisten Online-Aktivitäten verzeichnet VISA-USA an Werktagen. »Shop til you drop« – Einkaufen bis zum Umfallen.

Am Sonntag öffnen die meisten Geschäfte erst um zwölf, damit Zeit für den Kirchgang bleibt. Ansonsten ist Feiertags*ruhe* in Washington unbekannt, Beschaulichkeit ein Zustand, den die meisten Amerikaner nicht viel länger als eine halbe Stunde genießen würden. Der Durchschnittsamerikaner macht sich nur äußerst selten »einen gemütlichen Abend zu Hause«, und wenn, dann läuft selbstverständlich der Fernseher, und mehrere Videos wurden auf Vorrat ausgeliehen. Herumsitzen zählt nicht, in der Freizeit wird immer etwas unternommen: Ausflüge, Kurse, Besichtigungen, Inlineskaten, Angeln, Konzerte, Theater, Restaurantbesuche, am liebsten mehrere Unternehmungen an einem Tag. Idealerweise sollte nichts länger als zwei, drei Stunden dauern. Ein Kinderkalender enthält mindestens so viele Termine wie in Deutschland, wenn nicht mehr – und das, obwohl die Kinder erst zwischen drei und vier Uhr aus der Schule kommen. Auch der Samstagmorgen ist für viele Kinder regelmäßig verplant: mit Fußball im günstigsten Fall, einer Sprachschule im härtesten Fall. Eine unserer Nachbarinnen, ursprünglich aus Italien, kämpfte mit ihrer dreizehnjährigen Tochter regelmäßig um die Art der Freizeitgestaltung. »Mami, du musst mich und meine Freundinnen am Samstag in die Mall fahren«, bettelte diese ausdauernd. »Die anderen Mütter machen das immer. Nur du machst das nie!« Die Mutter dagegen war der guten alten europäischen Meinung, die Mädchen könnten sich auch mal zu Hause treffen, Musik hören, Spiele machen, selbst gebackene Pizza verzehren, was auch immer. Aber dieses Ansinnen stieß nicht auf Gegenliebe.

Washington ist nicht gerade ein Einkaufsparadies. Im Grunde gibt es hier dieselben Sachen wie in anderen amerikanischen Städten auch, denn das Angebot wird weitgehend von Filialen weitverzweigter Ketten bestimmt. Eine Mall in Las Vegas oder Orlando unterscheidet sich nicht allzu sehr von der in Pentagon City oder Tysons Corner westlich von D. C. Für einen Besucher aus Europa gibt es natürlich trotzdem einiges zu entdecken. (Beeilen Sie sich, bald sind die Ketten international und dann können Sie gleich zu Hause einkaufen!) Eins bringt fast jeder mit aus den USA: Markenjeans. Selbst in der teuersten Boutique sind sie hier für merklich weniger Geld zu bekommen als in Deutschland. Und die Hauptstadt hat durchaus Besonderheiten zu bieten: Außergewöhnlich viele Geschäfte und Galerien handeln mit exklusivem Kunsthandwerk, mit indianischen, afrikanischen und asiatischen Produkten jeder Art: Möbel, Bilder, Statuen, Vasen, Stoffe. Besonders um den Dupont Circle herum und in Adams Morgan finden sich einige exklusive Vintage-Geschäfte, die Nostalgie und Retro-Sehnsüchte befriedigen. Die Museumsshops haben sehr einfallsreiche Souvenir- und Geschenkideen. Jede Menge witziger Andenken mit politischem Stempel sind auf dem Markt: Stars & Stripes auf Unterhosen, strassbesetzte Hüte mit Obama-Konterfei, alle Präsidenten auf einem Schlips oder Nixon als Karnevalsmaske, das Weiße Haus aus Schokolade oder in einer Schneekugel. Und natürlich jede Menge T-Shirts und *bumper sticker* (Autoaufkleber) mit so erquicklichen Sprüchen wie: »A woman's place is in the house, the Senate and the Oval Office!« Sollten Sie dafür keine Verwendung haben, dann nehmen Sie einen goldenen Esel (Wahrzeichen der Demokratischen Partei, als Ohrring oder Brosche), einen Elefanten am Lederband (Wappentier der Republikaner) oder einen Kugelschreiber mit Bill-Clinton-Signatur (die sind jetzt ganz billig).

Im Allgemeinen ist das Preisniveau in vielen Malls der Metro Area unanständig hoch, doch zu jeder Zeit gibt es irgendwo einen *sale*, und die Marketing-Strategen lassen sich eine Menge einfallen. In manchen Kaufhäusern erhält der Frühaufsteher zehn Prozent Rabatt, wenn er samstags schon zwischen 10 und 12 Uhr auf der Matte steht. Kauft er einen Artikel, der sowieso heruntergesetzt ist, summiert sich der Nachlass auf zwanzig oder dreißig Prozent. Hat er dann noch einen Coupon, einen Gutschein, aus der Zeitung ausgeschnitten und mitgebracht, gibt das eventuell extra zehn oder sogar zwanzig Prozent. Am Ende zahlt der glückliche Käufer nur die Hälfte. Leider gehören wir zu den Leuten, die die Coupons nie dabeihaben, wenn sie gebraucht werden. Wenn Sie sparen wollen, fahren Sie am besten nach Potomac Mills. Zwanzig Millionen Menschen besuchen jedes Jahr die Potomac Mills Mall, ein riesiges, preiswertes Einkaufszentrum mit Outlet-Stores südlich von Washington. Es ist die bedeutendste Touristenattraktion in der Gegend. Zum Vergleich: Das wahrhaft beliebte Air and Space Museum besuchen nur halb so viele Menschen. Dabei ist der Weg wirklich anstrengend: über vierzig Kilometer, die man nur selten ohne Stau hinter sich bringt. Und trotzdem, wir haben es immer wieder getan, einmal sogar mit gebrochenem Fuß. Das geht ohne Weiteres, denn natürlich stellte man uns in der Mall unentgeltlich einen Rollstuhl zur Verfügung. Der Handel ist bemüht, es dem Kunden bis ins kleinste Detail recht zu machen.

Sie trinken keine Vollmilch? Da gibt es mehr als eine Alternative: Darf es einprozentige, zweiprozentige oder ganz fettfreie Milch sein? Milch ist nicht Milch, und Kaffee ist nicht einfach Kaffee. Er schmeckt nach Haselnuss, Schokolade, Zimt oder Bourbon-Whiskey – um nur eine kleine Auswahl zu nennen. Jetzt haben Sie aus Versehen Himbeergeschmack bestellt und mögen das gar nicht? Geben Sie ihn mit ein paar freundlichen Worten zurück, Sie bekommen bestimmt einen anderen mit Amaretto-Note. Einige Bestellungen bei Starbucks sind so ausgefeilt, dass wir mitschreiben mussten, um sie zitieren zu können: »Sugar-free, non-fat, two pops caramel, half-caf grande frappuccino, please!« Das bedeutet so viel wie: »Einen mittelgroßen, ungezuckerten, mit Eis geschlagenen Cappuccino aus fettfreier Milch, halb entkoffeiniertem, halb regulärem Kaffee mit zwei Spritzern Karamellsirup, bitte!« Natürlich entspricht die Bedienung den Extrawünschen, ohne mit der Wimper zu zucken. Die Geschäfte sind darauf ausgerichtet, dem Kunden die Kaufentscheidung zu erleichtern. Wenn man weiß, dass man jeden Artikel noch nach Monaten zurückbringen kann, solange man den Kassenbon vorzeigt, dann ist alles, was halbwegs gefällt, schon so gut wie gekauft. Qualitätsprüfung überflüssig. Kein langes Überlegen mehr: Soll ich oder soll ich nicht? Der Reißverschluss der Reisetasche ist kaputt? »Das tut mir leid!«, sagt der Verkäufer und reicht uns nach einem halben Jahr anstandslos eine neue Tasche. Er wirft nicht mal einen Blick auf die Quittung. Die Lederverzierung an den Kinderschuhen ist nach drei Monaten abgewetzt? Auch kein Problem. Das Geschäft ersetzt sie durch ein anderes Paar, und zwar eine Nummer größer. Kleidung, Töpfe, Lebensmittel, alles kann man zurückgeben. Beim letzten Einkauf war die Milch sauer? Hier ist eine Gutschrift. Sie haben zu viele Tortillas für Ihre Party gekauft? »Macht nix«, sagt die Verkäuferin, »hier ist das Geld zurück.« Dann nimmt sie die noch eingeschweißten Packungen Tortillas und wirft sie in hohem Bogen hinter sich in einen Müllcontainer.

Die Unternehmen versprechen sich von der kulanten Umtauschpraxis, dass der Kunde schneller zugreift und am Ende doch das meiste behält. Die Rechnung scheint aufzugehen, und wir haben selbst erlebt, wie das großzügige Entgegenkommen den Konsum ankurbelt. Wir kauften für die Kinder auf Verdacht ein paar T-Shirts. Man kann sie ja zurückbringen, wenn sie nicht passen. Die Alternative wäre viel umständlicher: Man sieht etwas Nettes und nimmt sich vor, irgendwann die Kinder zum Anprobieren vorbeizubringen. Dazu kommt man erfahrungsgemäß oft nicht, und der Kauf wird nie getätigt. Bei so viel Umtauscherei kann es allerdings passieren, dass man aus dem Regal ein Gerät zieht, das jemand anders schon benutzt hat oder schlimmstenfalls zurückgebracht hat, weil es nicht funktionierte. Eine effektive Kontrolle der

Umtauschwaren gibt es nur in wenigen Geschäften. Aber das ist ja nicht so schlimm. Der kaputte Mixer wird wieder zurückgebracht, eventuell gibt es inzwischen sogar einen besseren oder preiswerteren. Vielleicht wirft die Verkäuferin einen fragenden Blick auf den Rest Banane, den Sie peinlicherweise nach dem ersten Gebrauch nicht ordentlich weggewischt haben. Aber kaputt ist schließlich kaputt, oder? Falls die Verkäuferin nichts zu beanstanden oder zu fragen hat, sollten Sie sie netterweise darauf aufmerksam machen, dass das Gerät defekt ist, sonst wandert es nämlich wieder ins Regal, um vom nächsten Kunden gekauft und umgetauscht zu werden.

Convenience, Annehmlichkeit, ist das Zauberwort. Der Käufer oder potenzielle Käufer soll es so angenehm wie möglich haben: Parkplätze direkt vor der Tür, temperierte Räume, das Einkaufen darf nicht anstrengend sein. Auch dass man eigentlich kein Geld hat, soll nicht zum Hindernis werden. Alles kann mit Kreditkarte bezahlt werden, und sei es ein einzelnes Päckchen Kaugummi. Die meisten Amerikaner haben mehrere Kreditkarten, für den Fall, dass sie mal ein neues Auto, einen Kühlschrank und einen neuen Fernseher gleichzeitig brauchen und dafür der Maximal-Kredit auf einer Karte nicht ausreicht. Die üblichen deutschen Kreditkarten, deren Buchungen innerhalb eines Monats beglichen werden müssen, verdienen in den Augen der Amerikaner ihren Namen gar nicht. Hier zahlt man häufig nur einen Minimalbetrag ab und schiebt den Großteil der Schulden vor sich her. Die Kreditfirmen lieben das, denn die Zinsen sind sehr hoch. Bei mehreren Karten können sich die Beträge so addieren, dass am Ende der persönliche Bankrott steht.

Für Ausländer allerdings ist es gar nicht so einfach, auch nur eine einzige Kreditkarte zu erhalten. Während

Freunde, die schon länger in Washington wohnten, jede Woche mindestens drei Werbebriefe erhielten mit Unterlagen für eine *preapproved creditcard*, geprüft und abgesegnet, ohne dass sie überhaupt eine wollten, bekamen wir immer Absagen.

Dass wir beide die Konten unserer deutschen Kreditkarten jahrzehntelang pünktlich ausgeglichen haben, zählte gar nichts bei dem Bemühen, eine amerikanische Karte zu bekommen. Immer nur ausgeben, was man auch hat – solch solides Wirtschaften ist hier von Nachteil. Der Trick: Man braucht Schulden, um neue Schulden machen zu können. Wir mussten irgendetwas auf Raten kaufen und ein paar Monate abbezahlen. Das macht Neulinge kreditwürdig. Wir brauchten ein Auto: Gelegenheit zu beweisen, wie rechtschaffen wir sind.

Autokauf ist die amerikanische Transaktion schlechthin. Kaum jemand bezahlt das Auto direkt; ein Händler ohne Finanzierungsangebote hätte keine Chance. In den Anzeigenblättern der Zeitungen sind manchmal nur die monatlichen Raten erwähnt. »Honda Accord, 4-türig – nur $ 99«, steht dann etwa neben dem Foto eines Prachtexemplars. Vom richtigen Kaufpreis keine Spur. Da sich in Deutschland hartnäckig das Gerücht hält, Gebrauchtwagen seien in den Vereinigten Staaten gut und billig zu kaufen, hatte sich Tom in den Kopf gesetzt, nicht mehr als dreitausend bis viertausend Dollar zu investieren. Bevor wir uns auf den Weg machten, studierten wir Annoncen und telefonierten. »Das ist entschieden zu teuer!«, versuchten wir einen besonders hartnäckigen Verkäufer loszuwerden, doch der gab nicht auf und flüsterte in die Muschel: »Vielleicht kann ich ja die Preisschilder vertauschen.« Solche Erlebnisse bestätigten die schlimmsten Gerüchte, die uns über die Autobranche zu Ohren gekommen waren.

Alle warnten uns vor bösen Tricks. In der amerikanischen Wertschätzungsskala konkurrieren Autoverkäufer und Rechtsanwälte um die letzten Plätze.

Wir fuhren durch einige Gewerbegebiete in Virginia und Maryland, im unmittelbaren Umfeld der Stadt. Kilometerlang reiht sich hier entlang vier- bis sechsspuriger Straßen ein Einkaufszentrum ans andere mit Geschäften aller Art, Imbissen und Restaurants, dazwischen unzählige Autohändler, die mit bunten Wimpeln, Ballons und glitzernden Reklameschildern auf sich aufmerksam machen. Zuerst hielten wir bei einem relativ kleinen Geschäft. Der Verkäufer war mittleren Alters und stammte aus dem Mittleren Westen. Er hatte Cowboystiefel und einen Anzug aus Polyester an und betonte mit Auftritt und Rede, dass er aus der Provinz kam. Dort ginge es noch weitgehend ehrlich zu, seufzte er, hier sollten wir uns in Acht nehmen vor gerissenen Geschäftemachern, gerade in der Autobranche. Er selbst komme immer nur während der Sommersaison nach Washington, um Geld für die Universitätsausbildung seines Sohnes zu verdienen. Charles war sein Name, er wirkte sehr vertrauenswürdig. Wir gestanden ihm, dass wir keine Ahnung hatten, wie der amerikanische Automarkt aussieht, und dementsprechend nicht wirklich wussten, was wir wollten. Charles lenkte unsere Aufmerksamkeit auf einen weißen Chrysler, in den wir uns allerdings nicht auf Anhieb verliebten. Charles zeigte Verständnis, dass wir uns nicht sofort entscheiden konnten, und wünschte uns Glück. Wir stritten später, ob seine Ehrlichkeit echt war oder eine besondere Verkaufsmasche. Der nächste Verkäufer gab in dieser Beziehung keine Rätsel auf. Anfang dreißig, pomadige Haare, dunkle Sonnenbrille. Er bleckte die Zähne zu einem breiten Grinsen. »Ich habe ein supertolles Auto für Sie!« Der schwarze Buick für fünftausendneunhundertachtundneunzig Dollar sei einfach »wonderful, wonderful, wonderful«. Genauere Informationen habe er leider gerade nicht präsent. Nur eins sei klar: Der Wagen würde noch heute weggehen, wir müssten schnell zugreifen. Wir fuhren von Händler zu Händler auf der Suche nach dem perfekten Deal. Doch anders als erwartet war das Gebrauchtwagenangebot nicht sehr reizvoll. Exemplare, die einen funktionstüchtigen Eindruck machten, schienen uns zu teuer. Für eine ähnliche Summe hätten wir einen nagelneuen Kleinwagen aus Japan oder Korea kaufen können.

Wir probierten es schließlich bei einem der marktführenden großen Geschäfte. Fast ein Dutzend cooler junger Männer bewegte sich im Schauraum wie Haie im Karpfenteich. Wortlos, kaum merkbar verständigten sie sich, wessen Beute wir werden sollten. Einer mit blank geputzten, schwarzen Schuhen glitt auf uns zu, sein blütenweißes Hemd zierten breite, rot gemusterte Hosenträger: »My name is Sam«, stellte er sich vor und grinste breit. Wir erwarten, dass Sam uns zu den glänzenden Autos steuern und die verschiedenen Modelle vorführen würde, aber Sam hatte eine andere Masche: Er bat uns zunächst an seinen Schreibtisch, blickte uns über den Rand seiner Ray-Ban-Sonnenbrille hinweg tief in die Augen und sagte: »Ich weiß, was die anderen euch über ihre Preise erzählen. Das ist nicht ehrlich. Am Ende zahlt ihr doch mehr, als man euch vorgerechnet hat.« Sam malte unverständliche Zahlen und Kringel auf ein Blatt Papier. »Ich mache das anders. Ich sage euch gleich, was am Ende wirklich dabei herauskommt!« Auf dem Papier erschien eine Acht mit drei Nullen. Erst etliche Verkaufsgespräche später dämmerte uns, was es mit dieser Vorstellung auf sich hatte: Sam wollte sich absetzen von den anderen Verkäufern.

Normalerweise blüht Kunden nach der grundsätzlichen Entscheidung für ein Modell ein gestaffelter Verhandlungsprozess um den Preis. Es ist eine Art Spießrutenlauf auf die sanfte Tour. Der Verkäufer läuft ständig raus zum Vorgesetzten, kommt mit irgendwelchen Angeboten zurück, dann kommt der Vorgesetzte selbst, dann dessen Vorgesetzter und danach noch etliche andere. Man verliert den Überblick, während verschiedene Ausstattungen, Zuschläge und Abschläge auf den Preis durchgerechnet, angeboten oder abgelehnt werden. Es vergehen Stunden, und der Kunde ist am Ende zermürbt. »Die Leute hassen diesen Ablauf«, erklärte Sam. Seine Technik: den Ablauf umdrehen. Erst zum Schreibtisch, dann zum Auto. Erst der Preis und dann die Auswahl des Modells. Für kauferprobte Amerikaner hat Sams Masche sicher einen überraschenden Charme, aber wir waren verwirrt. Sam ebenso, als er merkte, dass wir seine Abkürzung des Verhandlungsmarathons gar nicht zu würdigen wussten. Wir wollten Autos sehen. Endlich führte er uns nach draußen zu den praktischen Modellen, wo er – mithilfe einer Teleskopstange – die Ausmaße und Extras diverser Wagentypen erklärte. Wir entschieden uns für einen japanischen Neuwagen, einen viertürigen kleinen Nissan, doch den Vertrag wollten wir zu Sams Bedauern nicht sofort unterschreiben. Er entließ uns cool bleibend, natürlich nicht, ohne uns seine Visitenkarte in die Hand zu drücken.

Am nächsten Tag fachsimpelte Tom mit zwei jungen Vätern. Deren Urteil: »Du glaubst gar nicht, wie viel Kram du mit einem Baby unterbringen musst.« Danach stand fest: Wir brauchten ein großes Auto, wie sich das gehört in Amerika. Und alles fing von vorne an. Endlich entschieden wir uns für einen günstigen Kombi. Tatsächlich wurden wir von einem Zimmer ins andere geschickt, fünf verschiedene Damen und Herren tippten geheimnisvolle Dinge über uns und unser neues Auto in ihre Computer, wir unterschrieben unzählige Formulare, die wir alle sorgfältigst studierten – in paranoider Angst vor der großen Gaunerei, auf die wir gleich hereinfallen könnten. Man bot uns erweiterte Garantien, die neueste Sitzimprägnierung und ein ganz spezielles Hochglanzwachs an, aber wir lehnten tapfer und entschieden alles ab. Am Ende hatten wir den Eindruck, einen guten Deal gemacht zu haben, wagten nach all den Warnungen aber kaum noch, unserem Gefühl zu trauen.

Natürlich war das Misstrauen gegenseitig. Hinter den Kulissen hat der Händler Erkundigungen über unsere Kreditwürdigkeit eingeholt, selbstverständlich ohne uns zu fragen. Persönliche Daten werden nur dürftig geschützt. Viele Amerikaner reagieren in Sachen Datenschutz längst nicht so empfindlich wie wir Deutsche.

»Könnte ich Ihre Telefonnummer haben?«, fragen Kassierer ihre Kunden häufig beim Bezahlen. Wir waren oft die Einzigen in der Warteschlange, die sich weigerten. Dabei waren wir keineswegs die Einzigen, die sich gestört fühlten von unerwünschten Werbeanrufen, die vorzugsweise am frühen Abend, wenn die meisten Leute zu Hause sind, erfolgen. *Junk call* nennt der Amerikaner diese Art von Belästigung in Anlehnung an *junk mail*, Werbebriefe, die ungelesen in den Müll wandern.

»Wir wollen Ihnen helfen, Geld zu sparen…« So oder ähnlich beginnt der typische *junk call*.

»Ist dies ein Werbeanruf?«

Da zieren sich die Damen und Herren am anderen Ende: »Well, it's a courtesy call«, ein »Gefälligkeitsanruf«.

Solcherlei Gefälligkeiten sind allerdings in vielen Haushalten unerwünscht, und so sucht jeder nach Strategien, diese Gespräche so schnell und so höflich wie möglich abzubrechen. Das ist nicht einfach, haben die Anrufer doch auf alles ein Argument parat. John, ein amerikanischer Cutter aus dem Studio, lebenslang abgehärtet im Umgang mit solchen Verkaufsversuchen, hat mit folgender Formel Erfolg: »Ich bin leider gerade sehr beschäftigt, aber geben Sie mir doch Ihre Privatnummer, dann rufe ich Sie später zu Hause an.« Die Antwort ist natürlich: »Tut mir leid, das dürfen wir nicht.« Damit hat John die moralische Überlegenheit: »Ach, aber Sie rufen mich auf meiner Privatnummer an!« Wir haben eine andere Masche; wir säuseln einfach zurück: »No Inglese, no Inglese.« Das ist die amerikanische Version von: »Ich Ausländer, nix verstehn.«

Manchen Firmen erscheint es zu kostspielig, Telefonisten zu bezahlen, damit sie sich Ausreden anhören. An einem Feiertag klingelte morgens um neun Uhr das Telefon. »Warten Sie bitte«, hauchte eine weibliche Stimme, »gleich wird Robert Douglas mit Ihnen sprechen.« Von unseren Einwänden ließ sich die Dame nicht im Mindesten beeindrucken. Robert schien ihr direkt den Hörer aus der Hand zu nehmen: »Hören Sie, Sie müssen einfach zuhören«, insistierte er. »Ich weiß, es ist sehr früh, aber ich musste anrufen…« Jeder Versuch, Robert zu stoppen, erwies sich als nutzlos. Die superdynamische, männliche Stimme kam vom Band. Seit einigen Jahren kann man seine Telefonnummer und Adresse auf einer Liste registrieren lassen. Marketing-Firmen haben zu respektieren, dass Haushalte, die auf dieser Liste stehen, nicht ungefragt kontaktiert werden wollen.

Geschäfte per Telefon abzuwickeln, das war in den Vereinigten Staaten schon Anfang der 1990er-Jahre gang und gäbe. Telefonhörer in der einen Hand, Kreditkarte in der anderen, und drei Tage später steht ein Päckchen vor der

Tür. Amerikaner haben kaum Bedenken, ihre Kreditkartennummer zu verraten. Wesentlich mehr Kunden als in Europa kaufen ein, ohne einen Fuß vor die Tür zu setzen. Ein Anruf, und der Bio-Supermarkt stellte uns einen Picknickkorb fürs Konzert zusammen. Wir brauchten ihn nur noch am Eingang zur Freilichtbühne abzuholen. Große Firmen nehmen Bestellungen nicht mehr eigenhändig entgegen, sie schleusen sie durch Callcenter, in denen Hunderte von Telefonisten Anrufe für verschiedene Auftraggeber entgegennehmen. Inzwischen setzt sich diese Praxis auch in Deutschland durch, aber wir hinken der Entwicklung immer etwas hinterher. Oft kennen die Telefonisten sich mit den Waren nicht sehr viel besser aus als die fragenden Kunden. Sie sitzen auch keineswegs zwangsläufig in Amerika, sondern immer häufiger auf anderen Kontinenten, in Indien etwa oder Südafrika. »Welche Tageszeit ist es bei Ihnen, und wie ist das Wetter?«, fragten wir, während wir darauf warten, dass der Computer unsere Daten verarbeitete. Selbstverständlich tätigt man solche Anrufe über gebührenfreie 1-800-Nummern, nicht vergleichbar mit den 0180-Nummern in Deutschland, für die der Anrufer bezahlen muss. Das mutet ein amerikanisches Unternehmen seinen Kunden nicht zu! Geld braucht man nicht, aber unendlich viel Zeit, um eine Auskunft zu bekommen. Wartezeiten in deutschen Telefonschleifen sind nichts dagegen. Ob Behörden, Gaswerke, Einzelhandel oder Arztpraxis, es gilt, sich zunächst durch ein wahres Labyrinth von Ansagen zu kämpfen: Wenn Sie Stromausfall melden wollen, dann wählen Sie bitte die 1; wenn Sie einen Termin vereinbaren möchten, wählen Sie bitte die 2; wenn Sie Fragen zu Ihrer Rechnung haben, bitte die 3 usw. usw. usw. Oft erfordert es unmenschliche Geduld, eine wahrhaftige Person ans andere Ende der Leitung zu bekommen, immer häufiger klappt es nie. Die Verwaltungschefin im ARD-Studio hat zwei Telefone in ihrem Büro: eins, um normal zu telefonieren, und ein anderes, mit dem sie nebenbei in endlosen Warteschleifen hängt.

Sollten Sie dann tatsächlich mal jemanden an der Strippe haben, so wird der zwar nicht unbedingt ihr Problem lösen, aber sicherlich sehr freundlich sein. Der Umgang mit dem Kunden ist nach wie vor ein entscheidender Faktor im Geschäft und deshalb kann sich der Kunde in Amerika tatsächlich als König fühlen. In vielen Restaurantketten ist es zum Beispiel selbstverständlich, dass sich die gesamte Kellnerschaft zum Nachtisch einfindet und »Happy Birthday!« schmettert, falls ein Jubilar unter den Gästen ist. Ausnahmen bestätigen die Regel. Bei einer einschlägig bekannten Drogeriekette, die mit unzähligen Filialen in D. C. vertreten ist, scheint die Order von oben zu lauten: Schaut grimmig und bewegt euch langsam. Die unfreundlichsten Bedienungen trifft man merkwürdigerweise dort, wo man in Deutschland häufig auf Zuvorkommenheit stößt: in Banken und Apotheken. Dabei bleibt es keineswegs dem willkürlichen Urteil des Verkäufers überlassen, wie er dem Käufer entgegentritt. Die meisten Unternehmen statten ihre Angestellten mit ausgefeilten Verhaltensmaßregeln aus: Bitte lächeln, Augenkontakt herstellen und Kostproben anbieten! Falls etwas Gewünschtes nicht vorhanden ist, Alternativen vorschlagen. Kassiererinnen sollen den Kunden mit dem Namen ansprechen, den sie von der Kreditkarte oder der Kundenkarte ablesen können. Damit all diese Regeln auch befolgt werden, schickt die Zentrale *mystery shopper*, also anonyme Kontrolleinkäufer, um Mitarbeiter und Filialleiter zu bewerten. Wer schlecht abschneidet, wird zu einem Seminar geschickt. Und wenn's dann immer noch nicht klappt, wird nicht lange gefackelt. Wer die Anforderungen nicht erfüllt, der fliegt, da schützt ihn kein Gesetz. Genauso schnell, wie man bei wirtschaftlich stabiler Lage einen Job findet, ist man ihn auch wieder los. Ein ausgedehnter Kündigungsschutz wie in Deutschland oder Frankreich ruft hier ungläubiges Stirnrunzeln hervor. Wenn man also im Supermarkt etwas sucht, zeigen die Mitarbeiter nicht nur mit einer fahrigen Handbewegung die ungefähre Richtung an; sie lassen sofort alles stehen und liegen und begleiten den Kunden zum gewünschten Produkt.

Auch wenn Sie im Hotel wohnen und eigentlich keine Großeinkäufe zu tätigen brauchen, Sie müssen sich so einen gigantischen Supermarkt einmal anschauen! Wir erinnern uns an unseren ersten Großeinkauf im Safeway in Georgetown. Das vergessen wir nie! Wie zwei Ossis, die kurz nach dem Fall der Mauer zum ersten Mal ein West-Kaufhaus bestaunen, streiften wir durch die endlosen Regale. Nach seiner Neueröffnung 2010 ist der Laden noch imposanter: die Auswahl, die Mengen, die Gefäße, die Preise. Die Waren verteilen sich über fünfzehn Gänge, jeder dreißig bis vierzig Meter lang. Zusätzlich warten Theken mit frischem Fisch, Fleisch, Käse, Kuchen und Backwaren auf die Kunden. Es gibt sogar eine Apotheke, einen Kühlraum für Wein, ein Café und eine Lounge mit Sesseln und freiem Internetempfang. Safeway ist eine so verbreitete Kette, dass sie bei Wegbeschreibungen als Erkennungsmerkmal dient: »Zwei Straßen nach dem Safeway biegst du links ab.« Die Washingtoner geben den einzelnen Filialen Spitznamen zur besseren Unterscheidung. Diesen Supermarkt, so hören wir, nennt man den Social Safeway, weil man hier häufig Nachbarn und Bekannte trifft. Die Niederlassung am Dupont Circle nannte man dagegen traditionell den Soviet Safeway, da dort die Schlangen an den Kassen so lang und die Regale meist ziemlich leer sind.

In der Gemüseabteilung glänzen die Äpfel wie jener verhexte, mit dem dereinst Schneewittchen vergiftet wurde. Alle zehn Minuten werden die Salatköpfe automatisch gewässert, wobei der feine Sprühregen jedes Mal von Donner und Blitz begleitet wird (kleine Sondervorstellung für gelangweilte Kinder). Ein Gang bietet koschere, mexikanische und asiatische Nahrungsmittel, *ethnic food* heißt das hier. Der nächste enthält rund fünfzig verschiedene Steaksoßen, zwanzig verschiedene Mayonnaisen und mindestens zweihundert (wir haben gezählt) Salatsoßen: *blue cheese, ranch style, french style, italian dressing, honey mustard, Newman's Own Orange Ginger Dressing, Jamaica Mistake Dressing & Marinade*... Das soll als kleiner Eindruck genügen. Jede einzelne Soße gibt es dann noch in verschiedenen Varianten: *original, light* oder *fat free*. Beste Auswahl auch bei den Zutaten für ein typisches amerikanisches Frühstück: an die dreihundert Sorten *cereals* (nicht übertrieben – haben wir ebenfalls gezählt). Wer isst schon noch normale Cornflakes? Hier gibt es *magic stars, apple jacks, mini wheats, corn puffs, cheerios, cinnamon grahams, peanut butter crunch* und vieles mehr. Die Auswahl von fünfzig verschiedenen Chips und Dips erscheint uns dagegen fast ärmlich. Dem Aufdruck auf den Packungen zufolge scheinen die Chips-Liebhaber besonders gesundheitsbewusst zu sein: *low fat, no fat, no cholesterol, no sodium, less cholesterol than ever before*... – so werben die Aufdrucke auf den Tüten. Wer nur fettfreie Kartoffelchips knabbert und überraschenderweise trotzdem nicht abnimmt, der findet in Gang fünf Schlankheitspillen und alles Weitere, was man braucht, um ohne große Anstrengung oder Verzicht gesund und fit zu bleiben: Vitamine, Aspirine, Kalzium, Eisen, Magnesium, Schwangerschaftstests, Eisprungvorhersagen. Eine genauere Beschreibung der übrigen Gänge mit je fünfzig verschiedenen Sorten

Toastbrot, Hunde- und Katzenfutter, Getränken, Wasch- und Putzmitteln sparen wir uns. Es gibt hier einfach alles, außer sauren Gurken (nur Dillgurken sind im Angebot) und anständiger Schokolade.

Wir schauen zu, wie unsere Einkäufe verpackt werden in Tüten, die dann ein freundlicher Koreaner zum Kofferraum unseres Autos trägt. Mit der Quittung erhalten wir fünf Gutscheine, die versprechen: Wenn wir beim nächsten Mal die gleiche Suppe in doppelter Menge kaufen, dann bekommen wir zwei Dosen umsonst. In Amerika spart man nicht, indem man sein Geld im Portemonnaie behält oder zur Bank bringt, sondern indem man mehr ausgibt. Sonderangebote verleiten zum Kauf großer Mengen: »Buy 2, get 1 free!« Man bekommt zwei Flaschen zum Preis von einer. Man kauft zwei Pullover und zahlt für den dritten nur die Hälfte. Und weil das so gut funktioniert, muss man am Ende drei Paar Jeans kaufen, um ein Paar umsonst zu bekommen. Wir brauchen zwar nicht zwei Kilo vom selben Käse, aber warum sollten wir uns weigern, ein zweites Kilo umsonst zu nehmen? Manchmal heißt es auch einfach: »2 for 4«, also zwei Stück für vier Dollar. Es hat Monate gedauert, bis uns dämmerte, dass man in diesen Fällen auch ganz einfach ein Stück für zwei Dollar kaufen könnte. Unseren ersten Einkauf tätigten wir an einem Samstagabend um 21.30 Uhr, der Laden ist täglich rund um die Uhr geöffnet.

Nichts ist unmöglich im Konsumparadies! Gestern noch Baustelle, morgen schon grüner Garten? Na klar. Es hat sowieso keiner Zeit zuzuschauen, wie der Rasensamen aufgeht und langsam sprießt. Also werden überall Rasenteppiche ausgelegt, die vom ersten Tag an aussehen, als sei an dieser Stelle nie etwas anderes gewesen als saftiges Gras. Dies ist keine Ausnahme, sondern die Regel. In all den Jahren haben wir nie einen Garten gesehen, in dem ausgesäter Rasen allmählich wuchs. Doch, natürlich, auf der Mall und anderen öffentlichen Flächen wächst das Gras so spärlich und langsam, wie sich das Geldsäckel der Stadt füllt.

Die Haustür ist zu klein für einen anständigen Kühlschrank mit Eisspender? Davon lassen sich unsere Freunde Lisa und Richard nicht zurückhalten. Sie bestellen einen Kran, der den Kühlschrank über das Haus in den Garten hebt. Von dort findet das gute Stück seinen Weg durch die Terrassentür in die Küche.

Haare zu kurz? Auch das lässt sich leicht reparieren. Einmal ist Sabine beim Friseur sehr unglücklich mit dem Haarschnitt. Der Pony ist viel zu kurz geraten. Die Friseuse, die vielleicht gestern noch Kassiererin oder Kellnerin war, fragt beflissen: »Was soll ich tun?« Sabine: »Den Pony wieder länger machen.« Es war natürlich ironisch gemeint, aber in Amerika ist die Kundin Königin, auch wenn sie die Naturgesetze in Frage stellt. Also zuckte die Friseuse freundlich und gelassen mit den Schultern. Sie wusste sofort Rat und griff wieder zur Schere: »Den Pony wieder länger? *Sure* – selbstverständlich!« Geklappt hat es allerdings nicht.

Und damit sind wir bei einem Grundproblem. Es gibt nämlich unfassbar viele Dinge, die in Amerika nicht klappen. Das müssen wir schon beim ersten Einzug in Georgetown erfahren. Zwei Handwerker wollen eine Arbeitsplatte an der Wand im Büro befestigen. Ein kleiner dicker Weißer und ein großer dicker Schwarzer. Der kleine Weiße hat offenbar mehr zu sagen als der große Schwarze. Eine Stunde lang dringt Geklopfe und Gestöhne aus dem Zimmer. »Alles in Ordnung?«, fragen wir nach einer Weile. »Everything okay, Ma'am!« Eine halbe Stunde später finden wir den kleinen Dicken im Flur, halb auf der Treppe liegend. Er habe seinen Kollegen losgeschickt, um Schrauben zu kaufen, erklärt er. Wir fragen vorsichtig, warum sie denn eigentlich keine Bohrmaschine benutzen. Der kleine Dicke gesteht: »Das wäre sicher einfacher. Ich hatte auch mal eine Bohrmaschine, aber die wurde gestohlen, und seitdem muss ich eben ohne arbeiten.« Der große Dicke kommt zurück – mit zwei Zentimeter kurzen Schrauben für eine Arbeitsplatte, die einen Computer tragen soll. Der kleine Dicke sieht sofort, dass das nicht funktionieren kann, sinkt wieder auf die Stufen, während der andere mit den Augen rollt, bevor er sich abermals trollt, um längere Schrauben zu besorgen. Mittlerweile machen wir uns ernste Sorgen um die Wand und sind froh, als die beiden nach dreieinhalb Stunden abziehen, ohne ihren Auftrag zu vollenden. Zwei dilettantisch zugegipste Löcher haben uns jahrelang an den gut gemeinten Versuch erinnert. Vielleicht war der kleine Dicke gestern noch Fischverkäufer, und der große Dicke hat gerade seinen Job als Busfahrer an den Nagel gehängt. Wer weiß. Hier wählt man keinen Beruf und keine Arbeitsstelle fürs Leben. Dementsprechend haben auch die wenigsten lange Erfahrungen in ihrem Metier. Von der Ausbildung gar nicht zu reden. Handwerksberufe sind nicht unbedingt Ausbildungsberufe. Fachkraft wird man quasi über Nacht. Wer neu anfängt, wird mehr oder weniger husch, husch angelernt, bekannt gemacht mit den Notwendigkeiten der Materie und den Gepflogenheiten der Firma – und auf geht's! Jeder tut, was getan werden muss, so gut er kann. Aber das ist allzu oft leider nicht gut genug.

So musste Handwerker Joe zweimal kommen, um einen Deckenventilator anzubringen. Am ersten Tag stellte er nach einer Stunde fest, dass er den falschen Schalter eingepackt hatte. Am zweiten Tag drehten sich die Flügel wie erhofft, allerdings klaffte noch ein versehentlich gebohrtes Loch in der Decke. »Don't worry«, tröstete Joe. »Haben Sie mal ein Kleenex?« Mit fünf Papiertaschentüchern stopfte er das Loch aus und war zufrieden: »Das sieht doch ganz gut aus, die Kleenex haben fast dieselbe Farbe wie die Decke!« Es muss doch nicht alles perfekt sein!

Wir haben selbst von diesem System profitiert, das jeden im Handumdrehen zum Experten macht. So belegten wir einen zweitägigen Segelkurs und erhielten – zweimal ausgelaufen und wieder angelegt – einen Segelschein, mit dem wir überall in den USA ein Boot mieten können. In Deutschland dagegen empfingen wir nach zwei Wochen Segelschule die Bestätigung, dass wir an einem »einführenden Schnupperkurs« teilgenommen haben. Bevor wir überhaupt ein Boot entern durften, wurden wir zu stundenlangem Seemannsknoten-Üben verdonnert. »Segeln bringt nicht nur Spaß, sondern vor allem Pflichten und Verantwortung!«, lautete das Motto. In Washington dagegen hieß es: »Leider muss ein bisschen Theorie zu Beginn sein. Aber wir halten das so kurz wie möglich.« Die Ausbildung auf dem Potomac war praktisch orientiert: Nach diesem Wochenende sollte jeder Kursteilnehmer in der Lage sein, eine Jolle startbereit zu machen, über den Fluss oder einen See zu segeln und wieder im Hafen anzulegen. Die kurze theoretische Einleitung erklärt das Nötigste über die Ausrüstung des Bootes und das Ausnutzen der Winde. Der Grundsatz war: »Wir wollen Spaß haben beim Segeln.« Eine Woche später mieteten wir uns eine kleine Jolle auf dem Potomac und glitten, stolz und glücklich, bei mäßigen Winden zum ersten Mal ohne erfahrene Begleitung über den Potomac. Beim Anlegen navigierten wir das Boot – den Segelschein in der Tasche – geradewegs ins Ufergebüsch.

Kreatives Pflaster – Museen ohne Staub

Hollywood D.C.

In den 1990er-Jahren war Sabine Mitglied eines Foto-clubs, der sich *downtown* in der 7th Street traf. Mehrere Galerien, darunter die bekannte und recht erfolgreiche Touchstone Gallery, befanden sich in dem leicht herun-tergekommenen Gebäude. Es war damals kein Problem, dort abends nach Geschäftsschluss einen Parkplatz zu fin-den. Irgendein Fleckchen war immer frei in den angren-zenden Nebenstraßen. Nach Beendigung der Veranstal-tung konnte einem allerdings etwas mulmig werden, wenn man die ein, zwei Blocks alleine zum Auto gehen musste. Und jedes Mal war die Erleichterung groß darüber, dass der Wagen tatsächlich noch unversehrt an derselben Stelle stand. Es gab kaum Geschäfte, keine Kneipen, dement-sprechend waren die Straßen wie leer gefegt. Ewige Bau-stellen warteten auf ihre Vollendung. Es war dunkel, keine Schaufenster-Beleuchtung, viele Straßenlaternen defekt.

Was für ein Unterschied zu heute! Seit dem Bau der Sportarena 1997 zwischen 6th und 7th Street eröffnete ein

Restaurant nach dem anderen, immer mehr Geschäfte ließen sich nieder. Die Großveranstaltungen im Stadion locken bis zu fünfzehntausend Menschen an einem Abend in die Gegend. Heute sind die Straßen belebt und beleuchtet bis in die Nacht, Passanten flanieren, bummeln durch die Geschäfte, nehmen einen Drink. Parkplatzsuche – hoffnungslos. Auch das Goethe-Institut zog inzwischen hierher. Das Viertel, von dem seit den Zerstörungen 1968 niemand sprach, ist inzwischen bekannt als Penn Quarter. Die Touchstone Gallery ist ebenso wie alle anderen Galerien aus dem Gebäude verschwunden. Der Eigentümer wollte das Haus sanieren. Die astronomisch gestiegenen Mieten konnten sich die Künstler nicht mehr leisten, so eine Mitarbeiterin der Touchstone Gallery. Touchstone wenigstens hatte Glück. Dank eines wohlwollenden Unterstützers erhielt diese Galerie neue Räume nicht weit entfernt in der New York Avenue. Die Kunstszene leidet und profitiert gleichzeitig von der Gentrifizierung. Hohe Lebenskosten vertreiben die noch nicht arrivierten Kreativen aus der Stadt. Die Ateliers, die sie in brüchigen Gebäuden für minimale Mieten unterhielten, müssen sie nach einer Sanierung oft verlassen. Auf der anderen Seite ziehen die Künstler ebenso Nutzen aus dieser Entwicklung. Während sich früher nur ein engerer Kreis von Liebhabern in die heruntergekommenen Gegenden wagte, ziehen heute Yuppies und Touristen mit Bargeld und Kreditkarten durch die Straßen, bereit und in der Lage, das ein oder andere Werk für ihr Heim zu erstehen.

Da die kunstbegeisterten Besucher der Stadt ja auch irgendwo übernachten müssen, kamen ein paar Kunst liebende Unternehmer auf die Idee, Schlafen und Schauen zu kombinieren. So sind zwei außergewöhnliche Häuser entstanden. Das eine ist das DC Guesthouse. Hier haben sich vier Freunde zusammengetan, um ein dahinsiechendes Beerdigungsinstitut aufzumöbeln. Ursprünglich wollten sie einen Platz für sich selbst zum Wohnen nach eigenem Gusto kreieren. Doch dann gewannen sie Spaß am Um- und Anbauen. Aus ihrem Wohnprojekt ist inzwischen eine der originellsten Pensionen in der Hauptstadt geworden, jedes einzelne Zimmer dekoriert mit Kunstwerken unterschiedlichster Art und Herkunft. »Selbst das Weiße Haus wollte schon seine Gäste hier einquartieren«, berichtete uns einer der Junghoteliers mit verhaltenem Stolz, »aber wir mussten ihnen einen Korb geben. Wir sind meistens ausgebucht.« Bis vor wenigen Jahren florierte hier noch der Drogenhandel. Wie im Penn Quarter bereitete ein neues großes Veranstaltungszentrum das Terrain für solidere Geschäfte, nämlich das Convention Center, eröffnet 2003. Ohne diesen Tagungsort würde das DC Guesthouse wohl nicht so gefragt sein. Ein anderes originelles Gästehaus ist das Mansion on O Street, nobel und ziemlich verrückt: hundert verwinkelte Räume in fünf viktorianischen Reihenhäusern mit achtzehn Kaminen, zweiunddreißig Geheimtüren und – also keineswegs altmodisch – hundert Fernsehern und Bildschirmen. Räume und Flure sind bis zur Decke und in die letzte Ecke ausstaffiert mit Bildern, Statuen, wertvollen Antiquitäten und Dekorationen von Art déco bis Avantgarde. Hier ist alles verkäuflich, selbst das Bett, in dem die Besitzerin schläft!

Die Washingtoner Kunstszene ist in den vergangenen Jahren geradezu explodiert. All die vielen größeren und kleinen Kunsthäuser, seien es Museen oder Bühnen, die nicht namentlich erwähnt werden, mögen uns verzeihen.

Es gibt Dutzende von Galerien in der Stadt. Sie befinden sich vor allem im Penn Quarter, um den Dupont Circle herum, im Shaw District und in Georgetown. Dabei wird ständig aufs Neue spekuliert, wo sich wohl demnächst das neue Zentrum der *art scene* herauskristallisieren wird. Erst hieß es, die 7th Street würde zur Kunstmeile. Das ist nicht eingetreten. Dann galt eine Zeit lang die 14th Street als das Mekka der Künstler. Schon nach kurzer Zeit war auch diese Adresse wieder out. Zurzeit gilt die Gegend um die Gallaudet University im Nordosten als der Sammelort der Kunstszene. Wer weiß, wie lange noch. Manche Galerien werden von den Künstlern selbst geführt. Bei vielen hat es sich eingebürgert, jeden ersten Freitag im Monat eine Vernissage zu veranstalten. Und regelmäßig tun sich Galerien eines Viertels zusammen und laden ein zum Gallery Walk. Einige bieten ein Glas Wein, ein paar Häppchen, bei anderen reicht das Budget dafür nicht aus. Das heißt noch lange nicht, dass die hier ausgestellten Werke weniger interessant oder ansprechend sind. An so einem Donnerstag- oder Freitagabend kann man die Gemälde, Fotos, Statuen von ein oder zwei Dutzend Künstlern betrachten – und auch kaufen. Die Künstler selbst sind oft anwesend, baden in der Welle der Aufmerksamkeit und beantworten freizügig Fragen. Manche sind in der Kunstszene bekannt und sich dessen auch bewusst. Sie lehnen lässig am Kaminsims einer zur Galerie umgebauten Altbauwohnung und scharen ihre Gemeinde um sich. Andere geben sich schüchtern oder sind es tatsächlich, weil sie zum ersten Mal dabei sind und noch nicht wissen, wie der Hase läuft. Wer sich für alternative Kreativität interessiert, sollte unbedingt das Torpedo Factory Center in Alexandria besuchen. In der alten Waffenfabrik finden sich Ateliers auf drei Etagen.

Washington bietet mehr Museen und Galerien als jede andere Stadt in den Vereinigten Staaten, selbst als New York oder Los Angeles. Neben den kleinen Galerien zeigen große private Sammlungen wie die Phillips Collection und das Corcoran bemerkenswerte Ausstellungen. Die National Gallery of Art besitzt eine der besten Sammlungen der USA, mehr als hundertzehntausend Werke vom Mittelalter bis zur Gegenwart. Zu beobachten ist, dass sich die unterschiedlichen Kunstschaffenden gegenseitig beflügeln und befruchten: die konservativen und die progressiven, die verzopften und die revolutionären, die Lokalkünstler und die Kosmopoliten.

Die wohl ungewöhnlichste und größte Einrichtung ihrer Art ist das Smithsonian Institut. Zu seinen Besitztümern zählen rund hundertsiebenunddreißig Millionen Objekte. Hundertsiebenunddreißig Millionen Kunstwerke, Sammlerstücke von historischem Wert, Gegenstände aus Wissenschaft und Technik, Exponate aus der ganzen Welt. In neunzehn Washingtoner Museen sind die zugänglichen Objekte zu besichtigen – und zwar umsonst. Die Museen ebenso wie der zum Smithsonian Institut gehörende Zoo verlangen keinen Eintritt. Lediglich ein Prozent der gigantischen Sammlung wird permanent ausgestellt, der größte Teil ist eingelagert und wird nur für bestimmte Zwecke ans Tageslicht geholt. Unter den Objekten befinden sich ein fünfundsechzig Millionen Jahre altes Tyrannosaurus-Rex-Skelett, das Flugzeug der Gebrüder Wright, denen der erste motorisierte Flug der Menschheitsgeschichte gelang, und die Apollo 11, die Neil Armstrong auf den Mond brachte; es gibt frühchristliche Schriften, persische Miniaturen, japanische Keramiken und eine spektakuläre Pariser Juwelensammlung. Gemälde von Rubens und da Vinci, Picasso und Renoir, Rodin und Miró wurden auf mehrere Museen verteilt. Im National Museum of American History wird einmal stündlich das originale Sternenbanner enthüllt, dazwischen sind George Washingtons Kriegszelt und die gesammelten Ballkleider für die Inaugurationen der First Ladies zu bewundern. Das Smithsonian sammelt sogar alte Hüte, angefangen bei dem, den Abraham Lincoln trug, als er ermordet wurde, bis hin zu jenem, den Harrison Ford als Indiana Jones auf dem Kopf hatte. Alle Ausstellungsorte platzen aus den Nähten, obwohl sie nur einen winzigen Teil der Sammlung aufnehmen müssen.

Zu verdanken haben die Besucher Washingtons das einem Engländer, der nie in seinem Leben amerikanischen Boden betreten hat: James Smithson. Viel ist nicht bekannt über diesen sehr bekannten Mann, nicht einmal sein genauer Geburtstag. In den ersten Monaten des Jahres 1764 muss es gewesen sein, dass er das Licht der Welt erblickte, illegitimer Spross eines englischen Herzogs und seiner Mätresse. Smithson wurde ein wissbegieriger Mineraloge und Chemiker. Geboren in Frankreich, gestorben in Italien, bereiste er viele Länder, aber in die Vereinigten Staaten gelangte er nie. Auf seinen Exkursionen machte er minutiöse Notizen über Klima und geologische Beschaffenheit und führte in einem tragbaren Labor Untersuchungen durch. Seine Mutter hinterließ ihm ein beachtliches Erbe. Er hatte ein Händchen für Investitionen und brachte es zu einem stattlichen Vermögen, das er seinem Neffen vermachte, da er keine eigenen Kinder hatte. In seinem Testament verfügte er: Falls der Neffe ohne Nachkommen stürbe, solle das Erbe an die Vereinigten Staaten von Amerika gehen, um in Washington eine Institution, die dem Zuwachs und der Verbreitung von Wissen dienen sollte, zu gründen. Nichts ist bekannt darüber, warum er ausgerechnet die US-Regierung mit dieser Aufgabe betraute. Der Kongress jedenfalls war sich erst einmal gar nicht sicher, ob er das Erbe überhaupt antreten wollte. Unumstritten war das ganze Unterfangen nicht. Einige Abgeordnete ahnten wohl schon, welche Folgekosten auf den amerikanischen Steuerzahler zukommen würden. Schließlich jedenfalls sprach sich eine Mehrheit für die Annahme der Hinterlassenschaft aus, sodass hundertfünf Säcke voller Goldmünzen per Schiff in Philadelphia ankamen. Acht Jahre später, 1846, wurde schließlich die Smithsonian Institution gegründet und erhielt den Auftrag, das Vermögen im Sinne des Spenders zu verwalten. Seither konnte die Stiftung noch eine ganze Reihe weiterer Erbschaften antreten. So bildet das Smithsonian-Imperium heute den größten Museums- und Forschungskomplex der Welt. Sein Zentrum befindet sich in einem Backsteinschlösschen – The Castle genannt – an der National Mall. Historiker rätseln, warum der Engländer sein Erbe über den Atlantik geschickt hat. James Smithson selbst hat sich nie darüber geäußert, weder schriftlich, noch hat er in seinem Umfeld über seine Absicht gesprochen. Die einen spekulieren, dass er seinem britischen Vater und Vaterland grollte, andere vermuten, dass er sich von der amerikanischen Demokratie inspiriert fühlte und sie fördern wollte.

Sei es drum, die Besucher des Distrikts kommen so jedenfalls in den Genuss, diese unvergleichliche Sammlung verschiedenster Kunst- und Wertgegenstände zu studieren, ohne einen Cent zu bezahlen. Der pädagogische Auftrag des Stifters sorgt auch dafür, dass hier nicht Elitekunst einem auserwählten Kreis präsentiert wird, sondern das Smithsonian ist bestrebt, Kunst und Wissenschaft einem breiten Publikum nahezubringen. Bezeichnend dafür ist, dass alle Smithsonian-Einrichtungen eifrig um das Interesse des Nachwuchses werben und dabei sehr einfallsreich sind: interaktive Computerspiele, eine Eislaufbahn im Sculpture Garden des Hirshhorn Museum, eine fünf Stockwerke hohe Leinwand im Air and Space Museum und natürlich zahllose Angebote im Zoo. Kunst, Wissenschaft und Entertainment werden hier keineswegs als Gegensätze gesehen. Im Gegenteil, hier gilt die Regel: Bildung muss auch unterhaltend sein! Das ist überhaupt ein Grundsatz für die meisten amerikanischen Museen, nicht zuletzt die in der Hauptstadt, deren Themen längst nicht nur politisch, wissenschaftlich oder künstlerisch sind. Mit Spaß und Spannung, schwankend zwischen furchtbarem Ernst und kurzweiligem Jux, präsentieren sich zum Beispiel das Crime & Punishment (Verbrechen & Strafe) Museum und das International Spy Museum. In Letzterem finden Sie alles, was James Bond und seinen echten Kollegen half, dem äußeren Feind in die Karten zu schauen: von altmodischer, unsichtbarer Tinte bis hin zu hochmodernen Minikameras und Wanzen.

Eine ganze Reihe der Museen bieten auch Konzerte an: klassische Musik, Jazz, Blues, Folklore. Die bedeutendste Konzerthalle in D. C. ist das Kennedy Center, wobei hier keineswegs nur klassische Konzerte gegeben werden. Auf acht Bühnen wird Musik jeder Richtung gespielt, auch Opern, Ballett, Theater und Musicals. Das Opernhaus mit Placido Domingo an der Spitze gehört ebenso zum Kennedy Center wie der KC Jazz Club. Das Center ist ein *living memorial*, ein lebendiges Denkmal, für den ermordeten Präsidenten John F. Kennedy. Der hatte sich zu Lebzeiten sehr engagiert für ein nationales Kulturzentrum, veranstaltete Empfänge und Dinner im Weißen Haus, um Unterstützer und Geldmittel für dieses Projekt zu gewinnen. Nach seinem Tod 1963 bewilligte der Kongress dreiundzwanzig Millionen zum Aufbau des John F. Kennedy Center for the Performing Arts. Private Spenden erbrachten den Rest des nötigen Startkapitals, sodass Präsident Lyndon B. Johnson zwei Jahre später den ersten Spatenstich tun konnte, und zwar mit demselben goldbeschichteten Spaten, der schon 1914 für das Lincoln Memorial und 1938 für das Jefferson Memorial benutzt wurde.

Die Schaffung des Kennedy Center brachte Washington D. C. eine international anerkannte Bühne. Sie gab dem National Symphony Orchestra eine Heimat. Dessen Leitung hat 2010 der deutsche Pianist und Dirigent Christoph Eschenbach übernommen. Seit Beginn funktioniert das Kennedy Center beispielhaft als Public-Private Partnership, das heißt, das Budget wird sowohl aus öffentlichen als auch privaten Mitteln gespeist. Die Unterhaltung der Gebäude wird aus Steuergeldern finanziert, das künstlerische Programm aber weitgehend durch Spenden von Firmen und Privatpersonen sowie aus dem Verkauf der Tickets. Das bringt eine sehr publikumsfreundliche Orientierung mit sich.

Eine Zeit lang verfügten wir über ein Abonnement für die Concert Hall. Eines Abends erschienen wir zur Aufführung und stellten fest, dass wir uns im Datum geirrt hatten. Das Konzert war genau eine Woche vorher gelaufen. Zu ärgerlich! Wir hatten einen Babysitter engagiert und uns auf Antonín Dvořáks »Aus der Neuen Welt« gefreut. Die Dame an der Kasse tröstete uns: »Macht gar nichts«, sagte sie, für das Konzert an diesem Abend gebe es noch Plätze, sie werde gerne die alten Tickets zurücknehmen und uns neue ausstellen. Das ist alles kostenlos! »Das ist übliche Praxis für Abonnenten«, klärte sie uns auf, »für den Fall, dass Sie nicht aus dem Büro wegkommen oder Ihr Auto nicht anspringt oder der Babysitter nicht erscheint. Rufen Sie an, wenn Sie ein Konzert verpasst haben, und buchen Sie für einen anderen Abend!« Wir konnten also unsere Karten für ein längst gegebenes Konzert umtauschen und waren perplex!

Das Kennedy Center kümmert sich sehr bewusst darum, seine Vorstellungen für Interessierte mit unterschiedlichem Einkommen und unterschiedlichem Geschmack attraktiv zu gestalten. In Deutschland müssen Liebhaber klassischer Musik häufig »eine Kröte schlucken«, wenn sie in den Genuss einer populären klassischen Sinfonie kommen wollen, das heißt, Beethovens »Neunte« gibt es oft nur, wenn man sich vorher auch Anton Weberns Atonalität zu Gemüte führt. In der Concert Hall des Kennedy Center konnten wir hingegen an manchen Abenden gleich zwei beliebten großen Werken lauschen, ohne dass unsere Hörgewohnheiten zwischendurch allzu sehr provoziert wurden. Das heißt nun keineswegs, dass hier keine Neue Musik gespielt wird. Im Gegenteil, das Kennedy Center zeigt sich bisweilen sehr experimentierfreudig und öffnet seine Bühnen Pionieren und jungen Künstlern. So gibt es zum Beispiel jeden Abend um 18 Uhr ein unentgeltliches Konzert auf der Millennium Stage. Hier treten lokale Größen jeder Musikrichtung auf oder junge Künstler aus anderen Ländern, solche, die noch keiner kennt, andere, die einen ergebenen, aber kleinen Fan-Kreis haben.

International mag das Kennedy Center vor allem durch seine Musikdarbietungen bekannt sein, national macht es ebenso durch seine Theateraufführungen von sich reden. Dabei ist es nicht einmal die einzige große Bühne Washingtons, die sowohl erfolgreiche Broadway-Stücke als auch eigene Produktionen auf die Bühne bringt. Neben den erstrangigen etablierten Schauspielhäusern hat D.C. eine Vielfalt an kleinen Schauplätzen. Nicht wenige verstehen sich besonders gut auf Theater und Kabarett mit politischem Akzent. Berühmt-berüchtigt: »The Capitol Steps«, die von sich selbst sagen, sie seien die einzige Truppe Amerikas, die behaupten könne, noch komischer als der Kongress zu sein. Was stimmt! Sie treten in alle Richtungen und schießen dabei gerne über das Ziel hinaus – findet mal die eine, mal die andere Seite. Und sie sind immer aktuell. Kurz nachdem der Riss (auf Englisch *crack,* wie die Droge) entdeckt wurde, den ein Erdbeben im Washington Monument verursacht hatte, spotteten sie auch schon: Kaum berichten die Zeitungen vom *crack* im Washington Monument, sieht man den früheren Bürgermeister Marion Barry zur National Mall eilen.

Washington ist nicht nur Ort der Kunst, sondern auch Objekt der Kunst. Es inspiriert Bücher und vor allem Filmemacher. Wenn ein Dutzend Polizeiwagen mit Blaulicht die Straße versperren oder die Feuerwehr ihre Leitern ausfährt, heißt das nicht unbedingt, dass gerade ein Verbrecher geschnappt oder ein Feuer gelöscht wird. Oft bedeutet es: Achtung, *movie,* hier wird gedreht! Hollywood ist am Potomac. Für zwei Minuten Film wird dann mal eben einen Tag lang eine Straße in der City dichtgemacht und der Verkehr umgeleitet. Im Durchschnitt werden sechs Filme pro Jahr hier gedreht, plus ein bis drei Dutzend Fernsehproduktionen. Je näher die nächsten Präsidentschaftswahlen sind, desto höher die Zahl der Drehtage. Viele der Filme werden zu Kassenschlagern in den Kinos der Welt. »All the President's Men« (»Die Unbestechlichen«) mit Robert Redford und Dustin Hoffman inszeniert den Watergate-Skandal und erhielt 1977 vier Oscars. Manchmal haben die Filmemacher auch mehr Glück, als sie sich erträumen könnten. Die Satire »Wag the Dog – Wenn der Schwanz mit dem Hund wedelt« (1997), ebenfalls mit Dustin Hoffman und oscargekrönt, zeigt, wie Regierungsmitarbeiter versuchen, das Interesse der Öffentlichkeit von den amourösen Ausflügen des Präsidenten abzulenken. »Wag the Dog« erschien, wenige Monate bevor die ersten Gerüchte über Bill Clintons Beziehung zur Praktikantin Monica Lewinsky in Umlauf kamen. »Primary Colors« (»Mit aller Macht«) mit John Travolta und Emma Thompson hatte es dagegen schwer. Es erschien einige Monate später, nachdem Clintons Affäre bereits durch die Presse gegangen war. Das Thema erschien nun offensichtlich als alter Hut; der Film war nicht besonders erfolgreich.

Nicht nur das politische Washington wird zum Filmset. In »True Lies – Wahre Lügen« fliegt Arnold Schwarzenegger mit Karacho durch die Schaufenster der Georgetown Mall. Die »Wedding Crashers« mischen eine Hochzeit in der 3122 P Street in Georgetown auf. Die lebensgefährlich steile Treppe aus »Der Exorzist« (1973) ist ebenfalls in Georgetown zu finden. Sie dient jetzt jungen Sportlern als geeigneter Ort fürs Ausdauertraining. Schon Alfred Hitchcock ließ seine »Strangers on a Train« (»Der Fremde im Zug«, 1951) ihr perfektes Verbrechen auf dem Washingtoner Hauptbahnhof, der Union Station, planen. Wenn nicht für Dreharbeiten, dann kommen Hollywoods Schauspieler und Regisseure gerne zu Abendessen oder Bällen nach D. C. Insbesondere Bill Clinton liebte es, Stars und Sterne aus Kalifornien ins Weiße Haus zu laden. Hollywoodgröße Warren Beatty soll gar gesagt haben: »Washington *ist* Hollywood. Die Techniken und Ereignisse und die Leute sind die gleichen.«

Der eine tot, der andere im Knast

Dunkle Ecken

Wann immer wir mit Freunden über unsere Wahlheimat reden, kommt schnell die Sprache auf die Kriminalität in der amerikanischen Hauptstadt: »Washington ist doch als Mordhauptstadt bekannt ...« Tatsächlich gelangte die Stadt Anfang der 1990er-Jahre zu trauriger Berühmtheit durch die höchste Mordrate in den USA. Mittlerweile ist das allerdings zwei Jahrzehnte her, Washington hat sich verändert, aber das hat sich offensichtlich noch nicht herumgesprochen. Schwere Verbrechen haben sich schon immer vorwiegend in verarmten, verwahrlosten Gegenden ereignet. Viele dieser Viertel wurden in den vergangenen Jahren saniert, sie wurden damit auch sicherer. Die fortschreitende Gentrifizierung treibt Armut und Kriminalität aus der Innenstadt hinaus. Das ist die gute Nachricht. Die schlechte ist, dass dafür so manche Vororte, vor allem im Osten der Stadt, ärmer und unsicherer werden. Auf jeden Fall: Als Besucher braucht man sich nicht zu sorgen. Touristen und Mittelstandsbürger erfahren von den meisten

Gewalttaten nur aus der Zeitung. Wenn wir an düstere Zeiten erinnern, dann nicht, um Ihnen Angst einzujagen, sondern weil man nur so versteht, welch dramatische Entwicklung zum Positiven diese Stadt in den letzten zwei Jahrzehnten hinter sich gebracht hat.

Die schlimmste Zeit, das waren die *rip-and-run crack days* Ende der 1980er-, Anfang der 1990er-Jahre. Abzocken und wegrennen hieß es da. Crack ist eine dem Kokain verwandte Droge, die sehr schnell wirkt und auch sehr schnell abhängig macht. Infolge einer wahrhaftigen Crack-Epidemie stieg die Zahl der Mordopfer auf fast fünfhundert im Jahr 1991. Seither ist die Zahl der Todesdelikte stetig gesunken, 2010 verzeichnete die Polizei noch hunderteinunddreißig Morde. Opfer wie Täter waren und sind fast ausschließlich junge Männer, die in Banden- und Drogenkriminalität verwickelt sind. Als wir 1994 zum ersten Mal nach D. C. zogen, wurden wir gewarnt: Wenn uns unser Portemonnaie und gar unser Leben lieb wären, sollten wir uns nur westlich des Kapitols bewegen. Der Osten der Stadt galt als »No-Go-Area«. Wir suchten also eine Bleibe im Westen der Stadt und waren sehr froh, als wir das schöne Haus im idyllischen Georgetown nicht weit entfernt vom ARD-Studio gefunden hatten. Doch dann ein Schock! Wir hatten den Mietvertrag kaum unterschrieben, da lasen wir in der Zeitung: »Schießerei in der O Street, fünfzehnjähriger Junge getötet.« Vier bewaffnete und maskierte Männer waren von beiden Seiten in den O Street Market gestürmt und hatten wild um sich geschossen. In Panik stoben die anwesenden Kunden auseinander, einige schafften es nicht, die Markthalle heil zu verlassen. Acht Menschen wurden verletzt, unter ihnen ein Kleinkind, eine junge Mutter und eine ältere Frau. Wir waren ebenso fassungslos wie besorgt – bis uns schließlich erfahrene Freunde beruhigten: Das sei zwar alles in der O Street passiert, aber dennoch in einer anderen Welt.

Washington war, als wir es kennenlernten, eine geteilte Stadt. Die 14th Street galt als Scheidelinie zwischen Gut und Böse, und auf keinen Fall sollte man sich östlich des Kapitols verirren. Im Westen der Stadt wohnten die Weißen, im Osten die Schwarzen, in der Mitte wagte man es in Capitol Hill, die Hautfarben zu mischen. Die Demarkationslinie hat sich nach Osten verschoben, die östlichen Stadtteile sind heute wesentlich sicherer. Doch noch immer gilt die Faustregel: Je weiter man sich gen Osten bewegt, desto ärmer die Menschen, schlechter die Schulen, heruntergekommener die Häuser und unsicherer die Straßen. Der Nordosten und mehr noch der Südosten gelten als ärmlich und gefährlich. Das bürgerliche Leben spielt sich traditionell im Nordwesten der Stadt ab.

»Unsere« O Street in Georgetown ist zwar dieselbe wie die jenseits der 14th Street, aber im Grunde haben die beiden Enden der Straße nicht mehr gemeinsam als den Namen. Sie erstreckt sich von der Georgetown University im äußersten Westen bis zu den Bahnschienen im Osten, die zum Hauptbahnhof Union Station führen. Am westlichen Ende beginnt sie in Georgetown, einem beschaulichen Viertel, das bürgerlichen Frieden und Sicherheit ausstrahlt. Morgens schieben junge Mütter ihre krähenden Babys durch die Straßen, Herrchen führen abends ihre Hunde aus, nicht ohne die obligatorische Plastiktüte. Denn »Scoop the poop!« heißt es auf kleinen Schildchen, und hier hält sich (fast) jeder daran. Wer das Häufchen seines kleinen Lieblings einfach liegen lässt, macht sich strafbar. Die Vorgärten sind nett bepflanzt, Eichhörnchen flitzen quer über die Straße. Besonders emsige Nachbarn bepflanzen die kleinen Fleckchen Erde rings um die Bäume, ausgespart vom Trottoir, um den Wurzeln wenigstens ein bisschen natürliches Ambiente zu gönnen. Noch ein zwergenhohes Zäunchen drum herum, das besagte Vierbeiner vom Ziergras und den Fleißigen Lieschen fernhält. Mindestens einmal in der Woche fegt der gute Georgetowner den Bürgersteig vor seinem Haus. Der betuchte Georgetowner schickt seine philippinische Haushälterin, um selbiges zu erledigen, oder seinen Gärtner, der regelmäßig mit einem ohrenbetäubenden Laubpuster ans Werk geht. In Georgetown scheint die Welt im altmodischen Sinne noch in Ordnung zu sein.

Hätte uns nicht die Neugier getrieben, so wäre die östliche O Street für uns wohl bis heute ein weißer Fleck auf dem Stadtplan. Es dauerte ein paar Jahre, bis wir uns endlich auf die Suche machten nach dem Ort jener Schießerei, die uns bei unserer Ankunft erschreckt hatte. Der O Street Market an der Ecke zur 7th Street galt da noch als unsichere Gegend, die es bei Nacht zu meiden galt, und das, obwohl wir uns hier im nordwestlichen Quadranten der Stadt befinden. Nach den Unruhen von 1968 blieb der Markt jahrelang geschlossen. Als er schließlich wieder geöffnet wurde, zog ein neuer Supermarkt die Kundschaft ab. Die Geschäfte liefen also schlecht, die offiziellen Geschäfte jedenfalls. Stattdessen wurde die alte Halle von »Kunden« ganz anderer Art belagert, von gelangweilten Jugendlichen, die Schutz in Eingängen und Nischen suchten, von Alkoholikern, von Drogensüchtigen und Dealern, die ihre Geschäfte über die öffentlichen Fernsprecher vor der Markthalle abwickelten. So konnten sie Kontakt mit ihren Handlangern und Kunden aufnehmen und dabei anonym bleiben. Bei der Schießerei, die uns so schockierte, ging es um Rache. Ein Siebzehnjähriger stattete fünf Kumpels mit Waffen aus und schickte sie zum Markt, um einen Fünfzehnjährigen zu erschießen. Der Fünfzehnjährige hatte den Siebzehnjährigen einige Wochen vorher überfallen, angeschossen und um zweitausend Dollar beraubt. Alle beteiligten jungen Männer waren afroamerikanischer Herkunft, das Opfer eingeschlossen. Dies war beileibe nicht die einzige Schießerei in der Umgebung des O Street Market.

Nick Min, Juniorchef der Reinigung gegenüber, beobachtete die Gegend schon seit langer Zeit: »Die Dealer nutzten aus, dass der Markt viele Eingänge hatte. Ein Typ lag mal direkt hier vor unserer Tür – angeschossen.« Die Jugendlichen, die am Markt herumhingen, waren einst die Kinder seiner Kunden, erzählt er. »Als sie klein waren, fragten sie immer nach einem Lutscher. Aber sobald sie älter sind... Ich weiß auch nicht, warum das so ist.« Es sei unmöglich gewesen, den Drogenhandel unter Kontrolle zu bekommen, stellten die Marktleute immer wieder fest: »Wir riefen die Polizei, aber sobald die weg war, kamen alle wieder.« Dann plötzlich, 2001, hatte einer im Nachbarschaftskomitee die rettende Idee: Die öffentlichen Telefone wurden abgebaut. Wie von Geisterhand vertrieben, verschwanden die Dealer. Man hatte ihnen ihr Werkzeug entzogen. Die Atmosphäre in der Gegend änderte sich schlagartig. Der Handel war zwar nicht unterbunden, sondern nur verschoben, aber für diese Nachbarschaft bedeutete das große Erleichterung und mehr Sicherheit.

Von dem historischen Marktgebäude, 1881 erbaut in rotem Backstein mit Bullaugen-Fenstern, steht heute nicht mehr viel. Nach jahrzehntelangem Verfall und jahrelanger Uneinigkeit über Sanierungspläne brach während eines heftigen Schneesturms schließlich das gesamte Dach ein. Jetzt liegt ein Sanierungskonzept vor, das einen neuen Komplex aus Wohnungen, Büros und Geschäften vorsieht. Die Fassade des alten Markts soll erhalten bleiben. Die Immobilienpreise in der Umgebung haben angezogen. Unaufhörlich schiebt sich der Wohlstand gen Osten. Das gefällt längst nicht allen.

John S. Hahn ist gar nicht zufrieden. Der gebürtige Koreaner ist 1972 in die USA eingewandert und hat ein paar Jahre später einen *liquor store,* einen Schnapsladen, im O Street Market eröffnet und ein Vierteljahrhundert geführt. Er hat die koreanische Staatsbürgerschaft aufgegeben und dafür die amerikanische erworben, ebenso seine Frau, die in einer Regierungsbehörde arbeitet. Seine inzwischen erwachsenen Töchter sind hier geboren und damit automatisch Amerikanerinnen. Die eine ist Anwältin, die andere Krankenschwester. John hat es zu etwas gebracht, und zwar mithilfe seines *liquor store.* Warum also sollte er diesen nun plötzlich schließen, nur um die Restauration eines alten Marktes zu ermöglichen? Er weigerte sich unerbittlich, seinen Stand in der Markthalle aufzugeben, bis ihm letzten Endes der Schneesturm buchstäblich das Dach über dem Kopf nahm. Daraufhin zog John ein paar Blocks weiter, an die Kreuzung O und 11th Street, wo er einen typischen Eckladen in einem ansonsten völlig leeren Gebäude mietete.

Als wir den Kiosk zum ersten Mal betraten, waren wir perplex. John Hahn hatte sich in einem Teil des Raumes mit seinen Waren hinter kugelsicherem Plexiglas verbarrikadiert. Die Trennscheibe reichte vom Boden bis zur Decke. Kein einziges Schokoladenriegelchen, keine Tüte Chips könnte man hier klauen, alles abgeschirmt. Der Verkauf wurde über ein Drehfenster abgewickelt. John murmelte irgendetwas Unverständliches durch die dicke Scheibe. Ein Gespräch zwischen Käufern und Verkäufern war nur durch Zeichensprache und lautes Rufen möglich.

Es dauerte, doch schließlich hatte John Erbarmen, öffnete eine Tür und wagte sich einen halben Meter in den Raum, um mit uns ein paar Worte zu wechseln. Die Türklinke behielt er sicherheitshalber in der Hand.

Ende der 1980er-Jahre wurden angesichts zunehmender Raubüberfälle die meisten *liquor stores* im Osten der Stadt mit solchen Sicherheitsvorkehrungen ausgestattet. Manche Ladenbesitzer begnügten sich mit altmodischen Stahlbarrieren. Doch da jeder Kleinstkriminelle hier über Schusswaffen verfügt, erschien vielen Kleinunternehmern das kugelsichere Glas notwendig. An eine gute Beziehung zwischen Kunden und Verkäufer ist seither nicht mehr zu denken. Die Barrieren schaffen eine feindselige Atmosphäre voller Misstrauen. Zu langen Plaudereien lud Hahns schmutziger, dunkler Raum sowieso nicht ein. Auch an kältesten Wintertagen, erklärte er, würde nicht geheizt, dazu reiche der Umsatz nicht aus. John ertrug das alles stoisch, mit Mütze und dicker Winterjacke hinter seinem Tresen verrammelt und vermummt. Seine Familie dagegen machte sich Sorgen: »Meine Frau und meine Töchter sagen, das müsse ich mir mit meinen achtundsechzig Jahren nicht mehr antun. Aber ich will noch nicht zum alten Eisen gehören! Ich möchte arbeiten.« Ihn stört nur eins, nämlich dass er für seinen neuen Standort nicht die versprochene *liquor license* bekommt. Ohne die darf er keinen Alkohol verkaufen, und ohne Alkohol ist der Umsatz mehr als mau. »Der Vermieter hat es mir versprochen, aber nun hält er sich nicht daran. Er will, dass ich einen Video- oder einen Buchladen aufmache. Aber ich habe keine Ahnung, wie man mit Büchern und Videos Geld verdient.« Mit den Schwarzen, meint Hahn, habe er immer gute Geschäfte gemacht. »Aber die Weißen, die jetzt in diese Gegend ziehen, die mögen keine Schwarzen. Viele Homosexuelle kommen jetzt hierher. Ich weiß einfach nicht, wie ich mich mit ihnen verständigen soll. Ich brauche Hilfe, aber von wem?« Die neuen Anwohner, die mit etwas mehr Geld in der Tasche, sind gegen Bier- und Spirituosenverkauf in der unmittelbaren Nachbarschaft. Sie haben die Erfahrung gemacht, dass solche Läden Süchtige jeder Art anziehen und damit auch Kriminalität vom Diebstahl bis zu Schießereien. Als wir John Hahn 2006 trafen, dachte er daran, die O Street zu verlassen und sich einen neuen Standort zu suchen, im Nordosten Washingtons. Er überlegte, in die H Street, NE, zu gehen. Dorthin würden die weißen Städter, ihr Lebensstil und ihr Geld so schnell nicht kommen, hoffte er. Wir haben John aus dem Auge verloren, aber sollte er tatsächlich in der H Street gelandet sein, dürfte er gerade über einen weiteren Umzug nachdenken. Die Welle der Gentrifizierung ist dort angekommen.

Selbst am Rande der North Capitol Street, einer hässlichen lauten Hauptverkehrsader, die die Stadt von Nord nach Süd durchschneidet, ist der Wandel spürbar. Auch hier gab es einen einst kugelsicher verrammelten *liquor store*. Er wurde ersetzt durch einen kleinen Eckladen, in dem Verkäufer und Kunden plaudern, während Bonbons und kleine Haushaltsartikel über den Tresen gehen. Gitter und Barrieren sind verschwunden; gegen Diebstahl schützt sich der Besitzer durch Videokameras. Bewaffnete Überfälle hat es bisher nicht gegeben.

Dennoch nennt Lieutenant Donald Craig von der örtlichen Polizei die Gegend »unser Problem-Dreieck«. In fußläufiger Entfernung voneinander gibt es mehrere Einrichtungen für Leute, die große Probleme haben und dementsprechend häufig Probleme machen: Eine Methadon-Klinik, eine Obdachlosenunterkunft und die Hilfsorganisation SOME (»So Others Might Eat«). Die Klienten sind arbeitslos, haben kein Dach über dem Kopf. Sie versuchen zu überleben. Manche kämpfen gegen ihre Sucht. Andere stürzten in die Armut, weil sie schwer erkrankten und – wie die meisten – nicht ausreichend versichert waren. Auch viele alleinerziehende Mütter suchen hier Hilfe. Sie alle wandern zwischen diesen drei Instanzen hin und her und schlagen zwischendurch in der Nachbarschaft die Zeit tot. Anwohner beschweren sich über Belästigungen, Lärm, Müll und Einbrüche. Die Fenster der Wohnhäuser sind mindestens im Erdgeschoss vergittert.

Lieutenant Craig nahm Sabine einmal mit auf einen Erkundungstrip. Sein Polizeiwagen machte nicht gerade den Eindruck, als könne er ein Wettrennen mit flüchtigen Dealern gewinnen: ein hinfälliger Ford, unter den Sitzen und auf der Rückbank Reste und Verpackungen von der Fast-Food-Verpflegung der letzten Tage. Hauptsache, das Blaulicht funktioniert! Gestern noch – Craig hatte Dienst bis zwei Uhr nachts – wurde er hierher gerufen. »Ein Jugendlicher mit mindestens drei Schusswunden auf der Straße, schwer verletzt, gleich dort an der Ecke First und O Street. Das Haus ist uns schon seit Langem als Drogenumschlagplatz bekannt.« Gedealt wird hauptsächlich mit Heroin, Marihuana und Methamphetaminen. »Oft nutzen die Dealer das Wohnhaus ihrer Eltern als Stützpunkt«, erklärte Craig, während er auf ein kleines *townhouse* direkt gegenüber des Schulgebäudes zeigte, das sich in nichts von den anderen unterschied. Wenn die Polizei das alles so genau weiß, warum kann sie die Leute dann nicht einfach festnehmen, bevor einer angeschossen wird? Es sei sehr schwierig, Hausdurchsuchungsbefehle zu erhalten, meinte der Lieutenant. »Häufig läuft der Handel im Hausflur ab. Sobald die Polizei naht, wird alles Inkriminierende in einer Wohnung versteckt, in der eine angeblich oder tatsächlich unbeteiligte Person lebt. Und diese Person hat natürlich verfassungsmäßige Rechte, die nicht einfach verletzt werden können, bloß weil sich vor ihrer Wohnungstür etwas Illegales abspielt. Also gibt es keinen Durchsuchungsbefehl für die Wohnung, solange gegen die Mieter dort kein konkreter Verdacht besteht. Manchmal sucht man dann nach einem anderen Angriffswinkel.« Als wir zwei Wochen nach diesem Gespräch noch einmal in die Gegend fuhren, verstanden wir, was er meinte. Das Haus an der Ecke First und O Street stand nun leer. Die Stadt hatte Strom und Wasser abstellen lassen, weil die Mieter, die dort aufgrund eines Wohnungshilfeprogramms wohnten, ihren Pflichten (Müll entsorgen, Rechnungen bezahlen) nicht nachgekommen waren. Hier wurde nun nicht mehr gedealt – dafür ein paar Straßenecken weiter. Das war 2006. Viel geändert hat sich seither nicht.

Aber es gab schon wesentlich schlimmere Zeiten, an die sich Aloha Cobb sehr gut erinnert. Aloha ist eine korpulente schwarze Dame mit geglättetem kurzem Haar, randloser Brille und großen goldenen Ohrringen. Vierzig Jahre lang arbeitete sie als Lehrerin in der Berufsschule in der O Street. Die Schule ist inzwischen geschlossen, der rote Backsteinbau verwaist. Die Fenster sind bis zum obersten Stockwerk vergittert. Wäre das nicht der Fall, so wäre die leere Schule wohl voller unerwünschter Besucher. Ohne Gitter wären der Schule mit Sicherheit über Nacht die Computer und andere Gegenstände abhandengekommen. Aloha kann sich noch lebhaft an die schrecklichen Crack-Zeiten erinnern, als die Schule täglich belagert wurde von einer Horde Gelegenheitskrimineller und Drogendealer. Allmorgendlich musste sie sich den Weg nach drinnen mit den Ellenbogen freikämpfen, während sie laut »Excuse me, excuse me!« rief. Der Drogenhandel und die damit verbundenen Gewaltverbrechen hatten unvorstellbare Ausmaße angenommen und bestimmten in weiten Teilen der Stadt den Alltag. Die Schule musste sogar ihren Cafeteria-Betrieb einstellen, denn bei Junkies und anderen Hungerleidern hatte sich herumgesprochen, dass hier Proviant zu holen war. Was der Schulkoch liebevoll zubereitet hatte, wurde regelmäßig bei nächtlichen Einbrüchen entwendet. Als sicher kann die Gegend immer noch nicht gelten, aber die Lage hat sich beruhigt. »Die Nachbarschaft hat sich enorm verändert«, meint Aloha, »die Haltung der Leute ist anders. Die Häuser werden repariert, Blumen gepflanzt, Kinder spielen auf der Straße. Das war früher undenkbar.«

Der weitaus größte Teil der Gewaltverbrechen ereignet sich in Stadtvierteln, die abseits des bürgerlichen Lebens und touristischer Pfade liegen. Insofern lebt es sich in der amerikanischen Hauptstadt im Grunde genommen nicht gefährlicher als in irgendeiner europäischen Großstadt: Es werden Portemonnaies und Handtaschen geklaut, Autos gestohlen, es gibt Prügeleien und Eifersuchtsdramen. So was passiert überall. Aber einen Unterschied gibt es doch. Während unserer Zeit in D. C. wurden mehrere Bekannte und Nachbarn Opfer von Raubüberfällen. Niemand wurde verletzt, aber fast jedes Mal waren Schusswaffen im Spiel. Und das macht Washington (und andere amerikanische Großstädte) gefährlicher als europäische: Mit Kinnhaken, Schlagringen oder Messern hält sich hier kaum einer auf. Die meisten Kleinkriminellen verfügen über eine Schusswaffe, wenn nicht gleich über ein ganzes Waffenarsenal. Und sie zögern nicht, die Waffe einzusetzen, und sei es auch nur für ein bisschen Wechselgeld.

Erstaunlich viele Jugendliche sind im Besitz von Pistolen. Dabei gelten im District of Columbia außergewöhnlich strenge Gesetze. So ist das Tragen von Waffen, sei es offen oder verborgen, gesetzlich verboten. Für eine Reportage begleitete Tom 1995 eine Spezialeinheit, welche die Washingtoner Polizei gebildet hatte, als die Mordrate auf vierhundert pro Jahr angestiegen war. Der damalige Chef dieser Einheit, Officer Dan Sutherland, war ein lässig aussehender Mann mit Schnauzbart, schlank, aber keineswegs der drahtige Typ, wie wir ihn aus Polizei-Fernsehserien kennen. Nach der Einsatzbesprechung brach die Truppe in die Nacht auf. Es wurde eine Fahrt durch Gegenden, die in offiziellen Stadtführern nicht empfohlen werden. Beim ersten Fang des Abends fanden Sutherlands Leute keine Waffen, aber jede Menge Geld. Mehrere Tausend Dollar hatte ein mutmaßlicher Drogendealer bei sich. Sutherland zählte die Scheine, während dem Verdächtigen die Hände auf dem Rücken gefesselt wurden. Obwohl die Beamten hauptsächlich hinter Waffen her waren, wurden auch solche Fälle verfolgt. Und weiter ging es in die Nacht. Wenig später griffen sie einen Verdächtigen mit einer großkalibrigen Pistole auf, geladen mit gefährlichen Spezialpatronen, die besonders große Schusslöcher verursachen. Der Besitzer war erst vierzehn Jahre alt. Keine Überraschung für Sutherland; eher Kleinkram in einer Stadt, in der das Maschinengewehr zur Lieblingswaffe der Gangs gehört. »Auf der Straße ist diese Pistole hier für zwanzig bis dreißig Dollar zu haben«, erklärte der Polizist und hielt sie Tom unter die Nase. »Aber, halt, nicht berühren, es ist ein Beweisstück!«, mahnte Sutherland. »Für uns Polizisten sind strenge Waffengesetze gut«, stellte er fest. »Das gibt uns eine Handhabe, gegen diese Burschen vorzugehen.«

Immer noch werden in Washington jedes Jahr mehr als zweitausend illegal kursierende Waffen sichergestellt. Sie kommen überwiegend aus den anliegenden Bundesstaaten, deren Gesetze wesentlich lockerer sind. Im angrenzenden Virginia darf man sogar bewaffnet im Landesparlament erscheinen, was der republikanische Abgeordnete John S. Reid auch routinemäßig tat. An einem Morgen im Januar 2006 erreichte er sein Büro im siebten Stock und schickte sich an, seine halbautomatische Pistole in der Schreibtischschublade zu verschließen, wie so oft. Doch während er mit der Waffe hantierte, löste sich ein Schuss. Der Knall hallte durch das Parlamentsgebäude. Niemand wurde verletzt, nur eine kugelsichere Weste, die an der Tür hing, wurde getroffen. Der Abgeordnete entschuldigte sich und beteuerte, er wisse nicht, wie das passieren konnte. Reid ist Kriegsveteran, erfahren im Umgang mit Waffen und im Besitz eines Waffenscheins. Selbst in zuverlässigen Händen scheint eine Pistole nicht ungefährlich zu sein.

Es ist ein Leichtes, Waffen nach D.C. zu bringen, denn die Grenzen zwischen der Stadt und den anliegenden Bundesstaaten Virginia und Maryland werden ebenso wenig kontrolliert wie die Grenze zwischen Hamburg und Niedersachsen. Es gibt genug Waffenhändler, die die Käufer nicht – wie es das Gesetz vorschreibt – sorgfältig überprüfen. Und es gibt *gun shows,* auf denen man Pistolen oder Gewehre kaufen und sofort mitnehmen kann. Hier geben sich Sportschützen, Jäger und Sammler ganz ungezwungen ein Stelldichein. Nur zwanzig Autominuten brauchten wir, um zu so einer *gun show* in Maryland zu gelangen. Die Waffenschau muss man sich vorstellen wie eine Mischung aus Messe und Flohmarkt. Professionelle Händler und Privatleute stellen Seite an Seite ihre Ware aus. Als wir uns das mal angeschaut haben, waren über hundert Tische in einer Reithalle aufgestellt. Darauf verteilt lagen: Pistolen, Munition, Gewehre, Literatur, Militaria wie zum Beispiel alte Stahlhelme, Säbel und andere Utensilien. In einer Ecke stand ein richtig schweres Geschütz, offenbar aus dem Zweiten Weltkrieg. Dafür allerdings müsse man Sondergenehmigungen beibringen, klärte uns der Verkäufer auf. Beim Erwerb »gewöhnlicher« Waffen, also solcher, die nicht in der Lage sind, Flugzeuge vom Himmel zu holen, sind die Händler zu einem sogenannten *background check* verpflichtet. Es muss sichergestellt werden, dass der Käufer keine Vorstrafen hat. Es gibt eine Wartefrist, innerhalb deren diese Überprüfung stattfindet. Allein diese gesetzlich vorgeschriebene Maßnahme hat Hunderttausende Vorbestrafte am Erwerb von Waffen gehindert. Wenn ein Interessent überprüft ist und der Kauf stattfinden kann, muss die Transaktion mit allen Details festgehalten werden, für den Fall, dass die Waffe bei einem Verbrechen auftaucht. Aber es gibt Schlupflöcher. Privatleute können auf vielen *gun shows* ihre Pistolen und Gewehre ohne solche Beschränkung verkaufen. Dann verliert sich die Spur der Schießeisen für die Behörden. Dazu kommen mehrere Hunderttausend Schusswaffen, die jedes Jahr gestohlen werden. All diese Objekte zirkulieren auf einem grauen Markt. Viele tauchen erst wieder bei einem Verbrechen auf. Endstation ist dann die Asservatenkammer der Polizei.

Zuständig dafür ist die Behörde für Alkohol, Tabak, Feuerwaffen und Sprengstoffe, abgekürzt ATF. In der ATF-Zentrale in der New York Avenue, NE, durfte Tom einmal die ganze Vielfalt der sichergestellten Feuerkraft bewundern: Mehrere Tausend Schusswaffen lagern im Archiv. Alle Typen und Kaliber sind darunter, selbst alte Colt-Pistolen tauchen noch bei Raubüberfällen auf. Daneben immer häufiger Maschinengewehre. »Ursprünglich wurden die für die Armee produziert«, erläuterte der Beamte Andy Vita. »Aber es gibt auch eine halbautomatische Version für den zivilen Markt. Sie werden oft von paramilitärischen Gruppen benutzt, auch von Rockerbanden und vor allem von Drogengangs. Die wollen ihr Revier verteidigen und brauchen dafür Gewehre mit großer Reichweite.« Die Handlungsmöglichkeiten der ATF sind recht beschränkt, sie darf noch nicht einmal Computerdateien über Besitzer und Händler anlegen. Dennoch ist die Behörde zum Feindbild Nummer eins für die amerikanische Waffenlobby geworden. Man darf nicht vergessen, dass der Besitz und das Tragen von Waffen in den USA zu den unveräußerlichen Grundrechten der Bürger zählt. Dieser zweite Zusatzartikel, das Second Amendment der Bill of Rights, gehört zu den meistumstrittenen Fragen der amerikanischen Rechtsprechung und Politik. Die National Rifle Association, NRA, widersetzt sich traditionell den Versuchen der Regierung, den Verkauf von Waffen einzuschränken. Aufgrund ihrer großen Anhängerschaft und ihrer Wahlkampfspenden ist sie in der Lage, die Gesetzgebung zu beeinflussen. Der NRA ist es ein Dorn im Auge, dass der District of Columbia an seinen außergewöhnlich strikten Waffenkontrollen festhält. Durch mehrere Klagen hat sie es geschafft, die Gesetze aufzuweichen.

Vor diesem Hintergrund erklärt sich, dass Schusswaffenverletzungen zu den häufigsten Todesursachen in Amerika zählen. Betroffen sind nicht zuletzt Kinder und Jugendliche. Für einen amerikanischen Teenager ist es heutzutage wahrscheinlicher, durch einen Schuss zu sterben als durch irgendeine natürliche Krankheit. In den meisten Fällen ist der Schütze kein Erwachsener, sondern auch ein Jugendlicher. Viele Verbrechen stehen in Zusammenhang mit Drogen, häufig geht es aber auch um Rache und einen zweifelhaften Begriff von Ehre. Dabei sind nicht alle Bevölkerungsgruppen gleichermaßen betroffen. Für männliche Schwarze zwischen fünfzehn und vierundzwanzig sind Mord und Totschlag die Todesursache Nummer eins. Für weiße Männer dagegen rangiert Mord nicht einmal unter den häufigsten zehn Todesursachen. Nicht selten kommt es auch zu tragischen Unfällen. So wurde 2004 die achtjährige Chelsea in Washington im Wohnzimmer ihrer Tante von einer Kugel getroffen, während sie mit ihren Barbiepuppen spielte. Chelsea starb wenig später. Ursache war ein Irrläufer einer Schießerei von Gangs auf der Straße. Wenige Monate vorher wurde, ebenfalls in D.C., die vierzehnjährige Princess von sieben Schüssen niedergestreckt, während sie fernsah. Dieses Mal handelte es sich um eine gezielte Zeugenbeseitigung; Princess hatte unfreiwillig einen Mord beobachtet.

Bei einer Recherche für eine Reportage über Sozialhilfe, trafen wir zwei junge Frauen, beide schwarz, beide alleinerziehende Mütter. Sie leben mit der Gewalt vor der Haustür und können nichts dagegen tun. Denise zeichnet eine Narbe vom Hals bis zum Bauchnabel, Folge einer Schießerei, in die sie zufällig hineingeraten ist. »Es ist erschreckend, in manchen Gegenden möchte man einfach nicht vor die Tür gehen, nicht einmal für den kurzen Sprung zum Auto«, klagte sie. Die andere, Alisa, ist gerade noch mal mit dem Schrecken davongekommen. Sie erzählte, wie sie eines Abends von einem kurzen Gang zum Briefkasten zurückgekehrt war. Sie hatte gerade ihre Veranda erreicht, als sie ein schnelles »ditditditdit« hörte. Eine Schießerei unter Drogendealern. »Ich war wirklich nah dran, wirklich nah«, erinnerte sich Alisa. »Tagsüber ist es nicht so schlimm, aber nachts. Ich lebe damit, jeden Tag. Ich habe vor nichts Angst. Wenn deine Zeit gekommen ist, musst du eben gehen. Wenn es noch nicht so weit ist, wird Gott dir helfen.« Alisa wohnt in Anacostia im Südosten Washingtons.

Auf dem Weg nach Anacostia hat sich Sabine einmal verfahren. Es war früher Abend, aber Winter oder schon stockfinster. Eigentlich wäre es ganz einfach gewesen. Der Weg führte über den Anacostia River, dann hätte sie nur rechts-links-rechts fahren müssen ... Aber plötzlich sah alles ganz anders aus als beim letzten Mal im Hellen. Kein Mensch ist auf der Straße, die meisten Straßenlaternen sind kaputt, die eine Wohnanlage sieht aus wie ausgebombt, die nächste hat noch ein paar heile Fensterscheiben. Ein Kinderwagen vor der Tür zeugt zwar von harmlosem menschlichem Leben, wirkt aber in dieser Umgebung eher gespenstisch als tröstlich. Da wird einem schlagartig klar, warum sich in amerikanischen Autos sofort nach dem Anfahren alle Türen automatisch verschließen. Ein Navi hatten wir noch nicht. Jetzt hieß es: Entweder so lange durch die Gegend fahren, bis man zufällig an einem hilfreichen Wegweiser landet, oder anhalten und die Innenbeleuchtung anschalten, um den Stadtplan zu studieren. Haben Sie mal »Fegefeuer der Eitelkeiten« von Tom Wolfe gelesen? Ein weißes Pärchen verirrt sich mit dem Wagen in der Bronx, und das Unglück nimmt seinen Lauf ... Doch zum Glück wird das wahre Leben nur sehr selten zum Krimi.

Zwar gibt es auch im Südosten Washingtons mittelständische Wohnviertel, auch ein reiches Viertel, Hillcrest, mit prächtigen Villen, doch der Anteil der Bewohner, die unterhalb des Existenzminimums leben, ist extrem hoch. Die Zahl gewaltsamer Todesfälle ebenfalls. Über neunzig Prozent der Bevölkerung hier sind afroamerikanisch. Kaum eine Familie im Südosten ist nicht von der Bandenkriminalität betroffen, sei es, dass man sich abends nicht mehr vor die Tür traut, sei es, dass man sich vor die Tür getraut hat und getroffen wurde. Wahrscheinlich gibt es im Südosten keine Familie, die nicht jemanden kennt, der erschossen wurde, oder jemanden, der einen anderen erschossen hat. Inzwischen kommt es sogar immer häufiger vor, dass sich beide Erfahrungen in einer Familie vereinen.

Pearl Boykin zum Beispiel hat einen Sohn im Grab und einen Sohn im Gefängnis. Der erste wurde erschossen, als er sechzehn war, der zweite erschoss vor einigen Jahren – er war achtzehn – einen Mitschüler. Das war der Höhepunkt einer schon fünfundzwanzig Jahre währenden Fehde zwischen zwei Sozialwohnungssiedlungen: Condon Terrace und Barry Farm. Außenstehenden sagen weder diese Namen etwas noch die Betonblöcke, die sie tragen. Aber für die Jugendlichen, die hier aufwachsen, sind diese trostlosen Siedlungen Reviere des eigenen oder des feindlichen Clans – wie Planquadrate auf einer Feldkarte der Armee. Hier, wo die Jungen kaum Hoffnung auf eine Zukunft außerhalb des Ghettos haben, reduziert sich das Leben auf Kämpfe um imaginäre Territorien. Pearl Boykin lebte mit ihrem Sohn Thomas, genannt T. J., in einer Barry-Farm-Sozialwohnung. Der erschossene Junge James, genannt J-Rock, siebzehn Jahre alt, stammte aus dem Condon-Terrace-Komplex. Die Legende besagt, dass alles vor mehr als zwei Jahrzehnten anfing, weil ein Barry-Farm-Teenager einem Condon-Terrace-Teenager einen Mantel stahl. Seither flackert der Konflikt immer wieder auf. »Es ist wie ein Fluch«, erzählen ältere Bewohner, die den »Kriegszustand« noch aus ihrer Jugendzeit kennen. Bereits im Alter von fünf Jahren sei sich jeder bewusst, wo er hingehöre.

Zeugen berichteten später vor Gericht, was am Morgen der Schießerei vorgefallen war. Während sich J-Rock mit einem Mädchen vor der Cafeteria der Ballou Senior Highschool unterhält, kommen drei Mitschüler vorbei. Einer davon ist Thomas Boykin. Er lästert über J-Rock. Der kontert mit einem verächtlichen »You pretty!«, was so viel heißt wie »Du Hübscher!« und natürlich ein Angriff auf die männliche Ehre ist. Daraufhin streckt Thomas J-Rock mit einem Faustschlag zu Boden. Es entwickelt sich ein Kampf, in den noch weitere Schüler eingreifen. Mittendrin zieht Thomas eine halbautomatische Pistole aus der Manteltasche. »Glaubst du etwa, ich mache Spaß?«, fragt er den Zeugen zufolge. J-Rock will klein beigeben, sich zurückziehen, doch sein Gegner feuert fünfmal. Drei Schüsse treffen den siebzehnjährigen Schüler, einer der umstehenden Schüler wird ebenfalls verletzt. Die Obduktion ergab, dass sich zum Zeitpunkt seines Todes Marihuana und Ecstasy in J-Rocks Blut befanden.

In den Monaten vor J-Rocks Tod war die Atmosphäre besonders aufgeladen gewesen, die Scharmützel wurden zunehmend auch in der Schule ausgetragen. Ein böser Blick oder eine dumme Bemerkung reichten schon aus, um eine Schlägerei auszulösen. Dabei ging es nicht einmal um Drogen, wie sonst häufig, es ging um Stolz und Loyalitäten. J-Rock, das Opfer, befand sich keineswegs immer in der Opferrolle. Er hatte vielmehr als Football-Star der Schulmannschaft eine prominente Position und wusste nur zu gut auszuteilen. Er war häufig in Kämpfe verwickelt und fand Gefallen daran, T.J. oder andere zu demütigen. Beide Jungen waren Schüler der Ballou Senior Highschool, und beide standen, so stellte sich während der Gerichtsverhandlung heraus, monatelang Todesängste aus. Für beide wäre es natürlich das Letzte gewesen, sich ihre Angst anmerken zu lassen. So markierten sie erst recht den starken Mann. »J-Rock wollte so gerne ein ›guter Mensch‹ werden«, berichtete sein Football-Trainer, »aber er wusste nicht, wie.« Auch sein Gegner T.J. hatte sich mehr als einmal vorgenommen, jeglichem Ärger aus dem

Weg zu gehen. Er wollte die Schule beenden und Rapper werden.

Nun ist der eine tot, der andere sitzt im Knast.

Normalerweise stehen sich Freunde und Familienangehörige im Gerichtssaal genauso feindlich gegenüber wie Täter und Opfer. Ein paar Jugendliche von Barry Farm setzten alles daran, diese Tradition fortzusetzen. Doch Michelle Richardson-Patterson, J-Rocks Mutter, nahm den Fehdehandschuh nicht auf. Nach der Urteilsverkündung umarmte sie Pearl Boykin; beide Mütter versprachen sich gegenseitige Unterstützung. Später hat Michelle sogar den Mörder ihres Sohnes im Gefängnis besucht. »Nein, das war überhaupt nicht hart«, erklärte sie. »Wenn man seinen Frieden mit Gott geschlossen hat, ist so etwas leicht. Es war ein Dienst an Gott.« T. J. hatte sich schon während der Gerichtsverhandlung bei der Familie Richardson-Patterson entschuldigt für das Leid, dass er ihr zugefügt hatte. »Er verdient eine zweite Chance«, findet Michelle. Eine ungewöhnliche Wende für eine typische Washingtoner Geschichte. Nach dem Tod ihres Sohnes hat Michelle ihre Sachen gepackt und ist mit ihren acht Söhnen und Töchtern aus Anacostia weggezogen. Schweren Herzens, denn eigentlich lieben sie dieses Viertel. Aber Michelle hatte zu viel Angst um ihre Kinder.

Während in manchen Stadtteilen solche Vorfälle nicht die Ausnahme, sondern eine alltägliche Gefahr darstellen, kann man in anderen Vierteln ein ruhiges Leben führen. Das Risiko ist sehr ungleich verteilt. In manchen Gegenden schließen die Leute nicht einmal die Tür ab, wenn sie ihr Haus verlassen. In Georgetown allerdings rieten uns die Nachbarn, durchgehend die Alarmanlagen anzuschalten, was wir befolgten und damit viel unnütze Aufregung verursachten. In den ersten Monaten setzten wir ständig eine ohrenbetäubende Sirene in Gang, weil wir ein Fenster oder eine Tür öffneten, ohne den Alarm vorher abzuschalten. Fünfzehn Minuten später klingelte es dann: »Everything okay, Ma'am?« Vor der Tür ein Sheriff, wie aus einem Hollywoodfilm: breitbeinig, Kaugummi kauend, Hand auf der Hüfte, griffbereit am Colt. Durch seine spiegelnde Sonnenbrille warf er einen misstrauischen Blick über Sabines Schulter in den Flur. »Alles in Ordnung«, versicherten wir, beruhigt, dass die Überwachung so phantastisch funktionierte. Eigentlich sollte der Wachdienst anrufen, bevor er die Polizei alarmiert. Wenn man dann seinen Code nennt, geht er davon aus, dass wirklich alles in Ordnung ist. Später kamen wir zu der Überzeugung, dass die dauernde Alarmbereitschaft etwas übertrieben ist, und nutzten die Anlage nur noch, wenn wir das Haus verließen. Unsere Nachbarn missbilligten das in fürsorglicher Art und Weise und reagierten geradezu entsetzt, als wir uns einmal anschickten, einem Jugendlichen, der gerade eine Autoscheibe vor unserem Haus in Georgetown eingeschlagen hatte, hinterherzulaufen. Er hätte sich umdrehen und schießen können! Und es war doch noch nicht mal unser eigenes Auto. Das war erst ein paar Jahre später dran.

Wir wohnten inzwischen in der Lowellstreet, NW, einer sehr ruhigen Straße. Eines Nachts im Sommer 2004 schlug unser Hund an. Das Übliche, vermuteten wir: Der Nachbar kommt spät nach Hause, oder ein paar Rehe grasen im Vorgarten, oder ein Waschbär drückt sich an der Mauer entlang. Das Bellen hörte nicht auf. Sabine quälte sich aus dem Bett und lugte durch die Gardinen. Vor unserem Haus parkte ein fremder Geländewagen, direkt hinter unserem Minivan. Das fiel auf, denn nur selten verirrten sich Unbekannte hierher, schon gar nicht nachts um ein

Uhr. Na, das sind wohl die College-Kids aus der Nachbarschaft, die während der Ferien ihre Eltern besuchen,
dachte Sabine. Doch da sah sie plötzlich einen jungen
Mann in weißem T-Shirt aus dem Geländewagen heraus-
und direkt auf den Beifahrersitz unseres Autos springen.
Im nächsten Augenblick setzten sich beide Fahrzeuge in
Bewegung. »Tom! Unser Auto wird gerade geklaut!«

Wir wählten sofort den Notruf 911. Nur fünf Minuten später stand ein massiger Polizist vor unserer Tür, ein
greller Scheinwerfer bestrahlte unser Haus. Officer André sah aus, als könne sich allein wegen seiner Statur kein
Einbrecher an ihm vorbeidrücken. Während seine Kollegin im Wagen wartete, zückte er Block und Stift, um unsere Personalien aufzunehmen. Wir rollten innerlich mit
den Augen. Denn das hatten Freunde von uns auch schon
erlebt: Während sie nach einem Diebstahl gewissenhaft
ihre Geburtsdaten diktierten, verschwand der Dieb mit
der Beute. Doch es dauerte nur wenige Minuten, und wir
merkten, dass wir der Polizei in diesem Fall unrecht getan hatten.

»We got 'em, we got 'em, right here on Military Road!«,
tönte es aus dem Walkie-Talkie, das auf dem gewölbten
Bauch des Polizisten baumelte. Während wir unser Fahr-
zeug beschrieben und unsere Namen buchstabierten, wurden wir Ohrenzeugen der Verfolgungsjagd. »Uiuuh, uiuuh,
uiuuh«, heulten die Sirenen im Funkgerät. Die Verfol-
ger sprachen in für uns unverständlichen Codes, der be-
leibte Officer übersetzte. Der Geländewagen konnte entkommen, aber an unserem Minivan waren sie noch dicht
dran. »Oh!«, hörten wir plötzlich. »Jetzt sind sie gegen eine
Mauer gefahren.« Und weiter ging die Jagd. Dann ließen
die Täter unser Auto offensichtlich irgendwo stehen. Die
Verfolgungsjagd wurde zu Fuß fortgesetzt. Den Fahrer un-

seres Wagens schnappte die Polizei schließlich, der Typ im weißen T-Shirt entkam.

André und seine Kollegin baten Sabine mitzukommen, um das Auto zu identifizieren. In weniger als zehn Minuten erreichte der Streifenwagen den Fundort. Der Minivan stand in einer Seitenstraße – mit offener Tür und einem Reifen auf dem Bürgersteig. Sabine identifizierte unsere Familienkutsche im Vorbeifahren. Ganz unbeschadet schien der Wagen das Abenteuer nicht überstanden zu haben, aber Näheres war im Dunkeln nicht zu erkennen. Ein freundlicher Detective in leicht zerknittertem Anzug und mit nicht weniger zerknittertem Gesicht steckte seinen Kopf durchs Fenster des Streifenwagens und fragte nach einigen Details des Tathergangs.

Dann ging's zur Polizeistation an der Idaho Avenue. Detective Keith führte Sabine in ein ebenso unordentliches wie schmutziges Großraumbüro. Dort ließ er sich auf einen Drehstuhl fallen, dem eine Armlehne fehlte, und fütterte den Computer im Einfingersystem mit Informationen. Sabine sollte erst mal ganz genau aufschreiben, was sie gesehen hatte. Keith erklärte, dass er in diesem Fall besonders sorgfältig ermittle, weil er daran arbeite, eine Serie von Banküberfällen aus den letzten Monaten aufzuklären. Die Bankräuber benutzten vorzugsweise gestohlene Minivans zur Flucht und steckten sie anschließend in Brand, um ihre Spuren zu verwischen. Deshalb also war die Polizei sofort so dynamisch in Aktion getreten: Sie glaubten, einer Bande von Schwerverbrechern auf der Spur zu sein.

Um drei Uhr nachts hatte ein Kollege Mitleid und bot Sabine einen komfortableren Raum an. Der Weg dorthin führte vorbei an dem Zimmer, in dem der Festgenommene verhört wurde. Die Tür hatte ein Sichtfenster. Sabine musste sich im Vorbeigehen tief bücken, damit der Täter sie nicht sah. So wollen es die polizeilichen Spielregeln. Der Mitleidige zeigte mit einer einladenden Geste zum Aufenthaltsraum: »Feel yourself at home! Make yourself comfortable!« Fühlen Sie sich wie zu Hause und machen Sie es sich gemütlich! Ein schmutziger Tisch mit Kaffeetassen vom letzten Frühstück, ein paar wackelige Stühle, eine kunstlederne orangebraune Couch und ein Fernseher mit miserablem Antennenempfang wirkten weder gemütlich noch einladend. Die Washingtoner Polizei scheint wirklich arm dran zu sein! Bevor Sabine auf dem speckigen Sofa einschlief, erschienen zwei junge Polizeibeamte und meldeten, sie könne jetzt nach Hause fahren. Ob sie einen Schraubenzieher habe, wollten sie wissen. Warum? Weil das Auto nur noch mit so einem Werkzeug zu starten und auszustellen sei, erklärte einer von ihnen gelassen. Auf dem Polizei-Parkplatz qualmte unser Minivan röchelnd vor sich hin, ein erbärmlicher Schatten seiner selbst, der Motor lief, total überhitzt. Die Fahrertür war eingedellt, die Beifahrertür und die hintere Schiebetür ebenfalls. Ein Scheinwerfer war kaputt, aus dem Armaturenbrett hingen lose Kabel. Totalschaden! Die Versicherung zahlte, und unser Hund bekam einen großen Knochen.

»Work the room!«
oder »Hooking up«

Abends unterwegs

Wohin auch immer wir zogen in Washington, die Nachbarn standen überall schnell parat, um uns willkommen
zu heißen. Sie organisieren gerne kleine Empfänge für die
Nachbarschaft, meist am frühen Abend, sodass die Gäste
direkt aus dem Büro kommen können und der Rest des
Abends für die Familie und Privates bleibt. Eingeladen
wird zum Beispiel von 17 bis 19 Uhr, auch das Ende ist
festgelegt. So brauchen die Gastgeber sich nicht zu sorgen,
ein paar Unermüdliche noch um Mitternacht bewirten zu
müssen. Es gibt ein paar Häppchen und ein paar Drinks,
Wasser, Wein, vielleicht auch Whiskey, Martini, Gin Tonic
und *champagne*. Wobei es sich bei Letzterem so gut wie nie
um Champagner handelt. *Champagne* bezeichnet einfach
jede Art von prickelndem Schaumwein, ob Prosecco, Sekt,
Crémant oder tatsächlich französischen Schampus. Solche
feinen Unterschiede werden in Washington nicht gemacht,
zum Groll der Weinbauern aus der Champagne, die immer
wieder Vorstöße machen, um die Einzigartigkeit ihres hei-

ligen Nationalgetränkes auch im amerikanischen Gesetz-
buch zu verankern. Bisher ohne Erfolg. Man müsste auch
zunächst mal ein neues Wort erfinden, denn für Sekt gibt
es laut Wörterbuch nur eines, und das lautet: *champagne*.

Sekt oder Champagner, das spielt keine Rolle, wohl
aber der Dresscode. Gerade Nachtclubs können in dieser
Hinsicht besonders streng sein. Am Türsteher der Eight-
eenth Street Lounge und vieler anderer Discos und Bars
kommen Sie in Khakihosen oder gar Jeans auf keinen Fall
vorbei. Um Unsicherheiten zu vermeiden, wird der Dresscode ebenso wie Anfang und Ende einer Cocktailparty
oder eines Empfangs schon auf der Einladung mitgeteilt:
casual oder *informal* zum Beispiel. Beides bezeichnet dieselben Codes, aber lassen Sie sich von der Übersetzung –
lässig, salopp, ungezwungen – nicht fehlleiten. Es heißt
nämlich keineswegs, dass Sie mal eben in kurzen Hosen
und Sandalen reinschauen dürfen. Es bedeutet nur, dass Sie
sich nicht *besonders* fein machen müssen, sondern kommen
können, wie Sie auch ins Büro gehen: Kostüm, Bluse oder
Kleid für sie, Jackett und Krawatte für ihn. Sollte auf der
Einladung *business attire* stehen, so wird auf diesem Wege
noch mit etwas mehr Nachdruck um ein adrettes Outfit
gebeten. Während die Männer nicht allzu viel Auswahl
haben, sind die Regeln für den weiblichen Chic etwas
fließender und lassen mehr Raum für Kreativität. In konservativen Kreisen steht fest, dass bei solchen Gelegenheiten (wie im Büro) Strümpfe und geschlossene Schuhe für
die Damen Pflicht sind. Junge Leute sehen das inzwischen
anders. Aber auch die lassen ihre Gäste nicht gern im Unsicheren und gehen davon aus, dass sie sich wohler fühlen,
wenn sie weder underdressed noch overdressed erscheinen. Aber machen Sie sich jetzt nicht zu viele Gedanken:
Sollte man – aus welchen Gründen auch immer – mal das

Falsche aus dem Kleiderschrank gegriffen haben, so wird das gelassen hingenommen und bleibt einfach unkommentiert. Es gibt interessantere Partygespräche.

Feiern in Washington dienen dazu, Kontakte zu knüpfen und zu pflegen, seien es nachbarschaftliche, berufliche oder politische Kontakte. Der Gastgeber ist in dieser Beziehung sehr aufmerksam und behilflich. Nach ein paar begrüßenden Worten, versäumt er es nicht, uns mit Gesprächspartnern zu versorgen: »Joe, darf ich dir unsere lieben Nachbarn Tom und Sabine vorstellen?« Und natürlich ist Joe begeistert. Amerikaner verstehen es, sich zu präsentieren und ihre Vorzüge anzupreisen – und die von anderen. Bei Partys statten uns die Einladenden anderen Gästen gegenüber völlig selbstverständlich mit Maximalattributen aus. Tom ist dann nicht einfach Korrespondent fürs deutsche Fernsehen und Sabine Buchautorin, nein, die Vorstellung läuft so ab: »Tom ist ein berühmter, exzellenter Fernsehreporter; er leitet das Washington-Büro seines Senders, und Sabine ist eine ganz fabelhafte und sehr erfolgreiche Schriftstellerin ...« – was wir, perplex, erst mal wieder auf ein menschliches Maß reduzieren. Natürlich hat der, der uns vorstellt, keine einzige Sendung mit Tom gesehen und auch kein Buch von Sabine gelesen (zumal ja alles auf Deutsch ist), aber er weiß einfach, dass es nicht anders sein kann, wo wir doch sonst so nette Nachbarn sind. In jedem Menschen steckt die Anlage zum Weltmeister auf seinem Gebiet, dessen sind sich die Amerikaner gewiss und vergeben deshalb großzügig Vorschusslorbeeren. Niemand wird auf so einem Empfang länger als dreißig Sekunden allein bleiben.

An Gesprächsstoff fehlt es nie. Feste Rituale, die Kinder schon mit der Muttermilch aufzusaugen scheinen, erleichtern die Plauderei mit Fremden. Zum Einstieg werden höflich die Eckdaten gecheckt: »Where do you come from?«, »Do you like Washington?« Anschließend werden Gemeinsamkeiten gesucht: »Oh, ich habe eine Cousine in Deutschland.« Oder: »Mein Urgroßvater stammt aus Frridrricksdorf.« Je nachdem geht es dann weiter mit Fragen nach Kindern und Schulen, der Länge des Aufenthalts, vielleicht auch nach dem Job. In Washington (das ist im Rest des Landes nicht so) wird auch über Politik gesprochen, doch nie mit dem Ziel, den anderen zu überzeugen oder einen Konsens zu finden. Dafür ist ein Partyabend nicht da. Den Gesprächen fehlt jegliche Verbissenheit, es geht darum, Gedanken auszutauschen. Und stößt jemand hinzu, wird er sofort in den Gesprächsverlauf eingeweiht und einbezogen. In der Regel tendiert man dazu, nach einer kleinen Weile das Thema zu wechseln. Vielleicht ist es das, was Deutsche oft als »oberflächlich« empfinden.

Und niemand verzieht sich den ganzen Abend mit den engsten Freunden oder Geschäftspartnern in eine Ecke, um dort ungestört intime Familienneuigkeiten auszutauschen oder Projekte zu besprechen. Auf einer Party in D. C. werden Netzwerke geknüpft. Es gilt, sich durch den Raum zu arbeiten, um möglichst viele Gäste kennenzulernen: *Work the room!* heißt die Devise. Jeder Gast will möglichst viele Anwesende »abarbeiten«. Dementsprechend ist jedem klar, dass Gespräche nicht nur einen Anfang, sondern auch ein Ende haben: »It was nice talking to you, enjoy the rest of the evening«, sagt man dann zu seinem Gegenüber, es war nett, mit Ihnen zu sprechen, viel Spaß noch! In Deutschland ist das eher unüblich. Wir erfinden Ausreden, geben vor, ein Glas Wein zu holen oder auf die Toilette zu gehen, aus Angst, der Gesprächspartner könnte das Ende der Unterhaltung sonst als Desinteresse werten. In Washington dagegen ist das ganz normal. Jeder möchte weiterziehen und Visitenkarten austauschen. Bei näherem Interesse ruft man sich in den folgenden Tagen an.

Genauso wie man ein Gespräch freundlich beenden darf, ohne dass sich jemand beleidigt fühlt, darf man die Party verlassen, ohne den Zwang, sich großartige Entschuldigungen auszudenken. Die Qualität einer Feier wird keineswegs nach ihrer Länge beurteilt. Kurz vor Mitternacht ist spätestens Schluss, wenn ein früheres Ende nicht schon auf der Einladung vermerkt ist. Mit unseren Versuchen, amerikanische Freunde an deutsche Partyregeln zu gewöhnen, sind wir meist nicht weit gekommen. Die tausendfache Beteuerung, sie könnten wirklich noch bleiben, haben sie mit skeptischen Blicken quittiert, um sich dann spätestens um fünf vor zwölf zu verabschieden. Das gebietet die Höflichkeit. Bei Dinnereinladungen ist ganz klar: Wenn der Kaffee serviert wird, ist das gleichzeitig das Signal zum langsamen Aufbruch. Auch im Restaurant ist Sitzfleisch nicht gefragt.

Schade eigentlich, denn Washington bietet unzählige gute und gemütliche Restaurants jeder Couleur und Preislage. In Washington gibt es mehr als *pancakes*, *hamburgers* und *pizza* (sprich: piiizza). Ob Steak, Fisch oder Vegetarisches, *southern american* (Südstaatenkost) oder Nouvelle Cuisine oder ein Mix aus alledem – Sie finden hier einfach alles. Nur, wie gesagt, nehmen Sie sich anschließend lieber noch etwas anderes vor, denn drei- bis vierstündige Dinner sind hier nicht üblich. Jedes Restaurant verbucht mindestens zwei *seatings*, die erste Runde um 18 oder 19 Uhr, die zweite um 20 oder 21 Uhr. Der Wirt kann sich darauf verlassen, länger werden die amerikanischen Gäste nicht speisen. Schon gar nicht in D.C., hier ruft immer der nächste Termin. Alles geht recht zügig: Nicht selten werden die Teller abgeräumt, während der letzte Bissen noch im Hals steckt. Kein Kellner, auch ein guter nicht, wartet darauf, dass wir das Besteck parallel nebeneinander auf den Teller legen. Dieses Signal wird nicht verstanden, zumal das Messer den Abend sowieso oft unangetastet übersteht. Es gehört keineswegs zu den guten Tischmanieren, es zu gebrauchen. Ebenso wenig wird erwartet, beide Hände auf dem Tisch zu halten. Es ist völlig in Ordnung, die linke Hand gemütlich auf dem Schoß abzulegen, wenn sie denn nicht gebraucht wird. Während die deutsche Tafelrunde gern vor abgegessenen Tellern sitzt und meint, das strahle Gemütlichkeit aus, empfinden amerikanische Gäste abgenagte Knochen und Soßenreste, die länger als zwei Minuten auf dem Tisch stehen, als störend. Was den einen als schneller Service gilt, das verstehen die anderen als Rausschmiss. Nach Dessert und Kaffee sitzen wir also schnell vor einem leer geräumten Tisch. Der Kellner fragt nach, ob es noch etwas sein darf, und präsentiert – wenn keine weiteren Wünsche geäußert wurden – innerhalb weniger Minuten die Rechnung, mit den Worten: »I take that whenever you are ready.« Deutsche Besucher verstehen das meist so, als hätten sie nun noch endlos Zeit, sich am allerletzten Glas Wein festzuhalten. »Ich nehme das entgegen, wann immer Sie fertig sind.« Ist doch klar, jetzt wird es erst richtig gemütlich, oder? Ein Missverständnis, dessen Aufklärung die Bedienung mit folgenden Worten einleitet: »Is there anything else I can help you with?« Nur wirklich unsensible Gäste verstehen diesen Wink mit dem Zaunpfahl nicht. Wenn man nichts mehr braucht, dann kann man auch nach Hause gehen.

Beim Bezahlen ist der Kellner nicht daran gewöhnt, an einem Tisch einzeln abzukassieren. Es ist nicht üblich nachzurechnen, wer was verzehrt hat. Wenn man die Summe aufteilen möchte, dann legt jeder denselben Betrag in die

Mitte. Wenn nicht einer für alle zahlt, dann nennt sich das *going dutch* und hat einen Beigeschmack von Geiz, wobei sich uns bisher nicht ganz erschloss, warum ausgerechnet die Holländer für geizig gehalten werden. Vielleicht lassen sich diese unterschwelligen Ressentiments zurückführen auf alte Feindschaften zwischen England und Holland, die sich immerhin in vier Kriegen manifestiert haben.

Haben uns deutsche Freunde eingeladen, so warfen wir oft einen verstohlenen Blick auf die Rechnung, um heimlich zu kontrollieren, ob der *tip*, das Trinkgeld, ausreichend war. Denn die Kellner bekommen nur ein sehr dürftiges Grundgehalt, sie leben weitgehend von fünfzehn bis achtzehn Prozent Trinkgeld, die üblich sind. So manchem unserer Besucher erschien das zu viel. Manchmal wird das Trinkgeld unter den Restaurantangestellten geteilt, mit dem *busboy* und dem *maitre d'*. Der eine ist der Hilfskellner, räumt das schmutzige Geschirr ab und schenkt das allseits beliebte, stark gechlorte Gratis-Eiswasser aus. Der *maitre d'* ist der Empfangsherr, gerne auch die Empfangsdame, immer adrett und ansprechend gekleidet, sucht den Gästen einen passenden Tisch und führt sie zu ihrem Platz. Am *maitre d'* führt nichts vorbei. Auch in einfachen Restaurants stürmt man auf keinen Fall durch den Eingang auf den nächstbesten freien Tisch zu. Immer wird dem Gast der Platz zugewiesen, es sei denn der *maitre d'* erlaubt ausdrücklich, sich selbst einen auszusuchen. Dann kommt zunächst das besagte Eiswasser, und kurz darauf wird sich die Bedienung präsentieren: »Hi, my name is Mary, I am your waitress tonight. How are you?« Keine Angst, Mary erwartet nicht, dass sich eine sechsköpfige Dinnerrunde nun ihrerseits vorstellt.

Jede Beziehung beginnt mit der gegenseitigen Vorstellung. Das lernt man schon im Kindergarten. Amerikaner haben ein beeindruckendes Namensgedächtnis. Freudestrahlend kommen sie uns entgegen: »Hi, Sabine, hi, Tom, how have you been?« Während wir verzweifelt in den Tiefen unseres Gedächtnisses graben, um die Namen zu finden, erkundigen sie sich schon nach dem Stand des Projekts, über das wir vor zwei Wochen kurz gesprochen haben, und fragen, ob die Erkältung, an die wir uns selbst schon gar nicht mehr erinnern, auskuriert sei. Wie schaffen die das? Wir jedenfalls trainieren noch. Die Washingtonians sind recht kontaktfreudig. Wer zu Besuch ist und niemanden kennt, kann es durchaus wagen, abends allein auf die Piste zu gehen. In einer Bar oder einem Club wird sich schon jemand finden, mit dem sich ein paar nette Worte wechseln lassen. Allerdings sollten Sie, besonders im Dunkeln, wissen, wohin Sie gehen.

Washington D. C. ist nicht gerade bekannt für sein Nachtleben. Sein Ruf besagt eher: Dies ist die Heimat von Workaholics, ehrgeizigen Politikern, Anwälten, Journalisten und Lobbyisten, die noch vor dem Frühstück eiligen Schrittes das Haus verlassen, Lunch und Dinner für Arbeitsbesprechungen nutzen und dann schnell nach Hause eilen, um die letzten Akten und E-Mails zu lesen. Da bleibt höchstens noch Zeit für einen Drink während der Happy Hour … Nein, so stimmt das nicht. Denn es leben viele junge Leute in der Stadt: Studenten, Praktikanten und solche, die hier die ersten Schritte einer Erfolg versprechenden Karriere tun. Die mögen strebsam sein und früh aufstehen, doch heißt das noch lange nicht, dass sie die Nächte zu Hause im Bett verbringen. Washington hat, gemessen an seiner Größe, ein sehr virulentes Nachtleben und bietet dabei für jeden etwas. Interessant ist, dass die verschiedenen Ausgehviertel einen sehr unterschiedlichen Charakter haben.

Das »angesagteste« Ausgehviertel ist derzeit die H Street, NE, zwischen 12th und 14th Street. Als wir Anfang der 1990er-Jahre die ersten Washington-Reiseführer studierten, wagte keiner, uns in den Nordosten der Stadt zu schicken, schon gar nicht des Nachts. Jetzt dagegen steht der H Street Corridor oder Atlas District, wie diese Vergnügungsmeile genannt wird, ganz oben auf der Liste. Die Gegend gilt als *diverse*, also kulturell und ethnisch abwechslungsreich, und sie gilt als *edgy*, das heißt auf der Kippe zwischen sozialem Treffpunkt und sozialem Brennpunkt. Noch immer wird empfohlen, sich nicht in Nebenstraßen zu verirren, schon gar nicht allein. Ehemals eine beliebte Shopping-Meile, spielte sich in der H Street jahrelang nichts mehr ab. Von den Zerstörungen durch die Aufstände 1968 hatte sich der Atlas District lange nicht erholt. Seit einigen Jahren öffnen hier wieder Restaurants und Bars. Der Pub Granville Moore's macht von sich reden durch leckere Muschelgerichte und sechzig verschiedene Sorten belgischen Biers. Der H Street Country Club bietet mexikanisches Essen, Cocktails und sogar einen Golfplatz. Im Rock N Roll Hotel, in Wahrheit ein Nachtclub, kein Hotel, rocken längst nicht nur Altachtundsechziger mit langen grauen Haaren zu aktuellen und früheren Hits. Im Zentrum der neuen Attraktionen: das Atlas Performing Arts Center, ein Kinogebäude im Art-déco-Stil, das 1976 dichtmachte und langsam verrottete – bis es 2010, wunderbar restauriert, wieder eröffnete und seither sehenswerte Tanz-, Theater- und Musikvorstellungen auf die Bühne bringt. Hier geht die gesellschaftliche und künstlerische Avantgarde aus, der die U Street längst schon wieder zu etabliert ist.

Dabei ist es noch gar nicht lange her, dass in der U Street zwischen 13th und 17th Street, recht zögerlich zunächst, dieselbe Entwicklung stattfand. Inzwischen finden Nacht-schwärmer auf dem U Street Corridor wieder alles, was das Herz begehrt: internationale Küche zu großen und kleinen Preisen und vor allem Musikclubs, die von Soul über Jazz und Funk bis zu Heavy Metal alles auf die Bühne bringen. Im 9:30 Club gleich um die Ecke in der V Street sind schon viele große Namen der Musikszene aufgetre-ten: etwa Bob Dylan, die Beastie Boys, die Red Hot Chili Peppers. Hier spielten weltberühmte Musiker, wenn sie auf ihren Tourneen die Ostküste bereisten, und die besten loka-len Bands vor bis zu tausendzweihundert Fans. Der Name ist ein Relikt aus alten Zeiten und bezieht sich auf die frü-here Adresse: 930 F Street, NW. Der Black Broadway ist wieder belebt, zeigt sich heute aber sehr *diverse*, Künstler und Gäste haben jede Hautfarbe und kommen aus allen Himmelsrichtungen. So aufgemöbelt, so frequentiert ist die U Street inzwischen, dass sie so manchen Abenteuer-lustigen schon wieder viel zu etabliert erscheint. Die ziehen nun etwas weiter in den Norden, nach Columbia Heights, Hochburg der Latino-Einwanderer, oder in die H Street.

Für *serious dance action*, also wenn man »ernsthaft tan-zen« möchte, wagt man sich am besten noch weiter in die urbane Wüste: Die aufregendste und größte Disco der Stadt befindet sich nicht weit entfernt vom östlichen Stadt-rand nahe der New York Avenue, einer großen Ausfall-straße, die zur Chesapeake Bay führt und nachts den Ein-druck vermittelt, als solle man hier lieber nicht halten, um einen Reifen zu wechseln. Der mehrstöckige Megaclub Love liegt zwischen heruntergekommenen Industrie- und Bürogebäuden, Müllbergen und einem riesigen Schulbus-Depot. Hier fühlt sich niemand durch die extrem laute Musik gestört. Es versteht sich von selbst, dass man am bes-ten mit dem Taxi direkt vor die Tür fährt. Wer jetzt aber denkt, der Ort und die Gäste seien mindestens so heruntergekommen wie die Umgebung, der ist auf dem Holzweg. Die Klientel kleidet sich eher elegant bis exklusiv, *upscale*, wie man hier sagt. An manchen Tagen sind die Warteschlangen extrem lang. Wer nicht »anständig« angezogen ist, hat gar keine Chance, von den Türstehern eingelassen zu werden. Nicht nur dieser, sondern fast alle Clubs in Washington praktizieren einen strikten Dresscode: keine Turnschuhe oder Timberlands, keine Sandalen an Männerfüßen, keine zerrissenen Jeans oder Baggy Pants. Manche Clubs mögen keine Logos auf der Kleidung, andere wollen keine T-Shirts, sondern auf jeden Fall ein Hemd mit Kragen, es darf auch ein Polohemd sein. Frauen werden weniger gegängelt. »Dress to impress!« lautet die Devise, die ihnen Zugang zu den Hotspots verschafft. Tausende wollen am Wochenende im *Love* tanzen und feiern, manchmal mit Stars wie Beyoncé oder Alicia Keys. An vielen Freitagen ist das Publikum eher schwarz, denn es steht vor allem Hip-Hop auf dem Programm, an Samstagen ist die Menge und auch das Musikangebot gemischter. So funktioniert das übrigens in vielen Clubs und Tanzbars: mittwochs Walzer für Weiße, donnerstags Salsa für Latinos, freitags Rap für Schwarze. Dazu noch das jeweils passende Essen. Damit das Geschäft brummt, müssen sich die Clubs etwas einfallen lassen. Mit ihren Angeboten werben sie um verschiedene Zielgruppen bei verschiedenen Radiosendern. Und mittags gibt's am selben Ort *business lunch* für alle Angestellten in der Nachbarschaft, unabhängig von Hautfarbe und Musikvorlieben.

Den meisten Ausgehvierteln ist eigen, dass sie erst bei Nacht ihre ganze Anziehungskraft entwickeln. Sobald die Sonne scheint, wirken sie etwas blass und fade. So kann man an einem Wochentag in Adams Morgan zwar die riesigen knallbunten Wandgemälde bewundern und durch ein paar enge Läden mit folkloristischen Stoffen und afrikanischen Schnitzereien stöbern, aber man wird sich kaum vorstellen können, welch buntes und lautes Treiben hier des Nachts auf der Straße und in den unprätentiösen Clubs herrscht. Einen großartigen Blick auf die nächtliche Stadt hat man von der Terrasse des Restaurants Perry's. In der Madam's Organ Blues Bar gibt es jeden Abend Soul-Food und Livemusik. In Chief Ike's Mambo Room wechseln sich Bands und DJs ab, verzehrt werden Chili und Nachos. Adams Morgan gilt als die Hochburg der Latino-Bars. Salsa gibt's auf mehreren Tanzflächen im Habana Village. Das Penn Quarter ist dagegen bekannt für seine VIP-Clubs und -Lokale, die Leute mit dickem Portemonnaie anziehen. Das Zaytinya ist ein beeindruckendes Restaurant: In einem hohen modernen Glasbau kommen mediterrane Mezze auf den Tisch; lecker, interessant und – wenn dann am Ende all die kleinen Teilchen zusammengezählt werden – teuer. Im RFD (steht für Regional Food and Drink) wird der Abend vielleicht etwas billiger, aber dies ist nicht das Ausgehviertel für Sparsame.

Rund um den Dupont Circle wiederum trifft sich traditionell die schwule Szene. Auch unkonventionelle Intellektuelle fühlen sich hier wohl, nicht zuletzt, weil sie bei Kramerbooks & Afterwords rund um die Uhr bei einem Drink oder auch bei einem Mitternachtssnack in Büchern blättern und darüber plaudern können. Fast schon so gediegen wie Georgetown, aber doch etwas jünger und unkonventioneller.

Ausgehen in Georgetown – manche Leute rümpfen da tatsächlich die Nase: zu gesetzt, zu brav. In gewissem Sinne stimmt das. Am Abend ist Georgetown eher etwas für den solideren Typ. Und der muss ja auch irgendwohin! Ohrenbetäubender Rap im Northeast ist schließlich nicht jedermanns Sache. Georgetown bietet viele phantastische Restaurants, gemütliche Bars. Wir sind oft ins Paparazzi gegangen und haben das italienische Essen zu moderaten Preisen genossen, obendrein nette Bedienung und ansprechende Einrichtung. Bei Johnny Rockets haben wir unsere Hamburger-Gelüste befriedigt. Studenten treffen sich gern im Tombs, und alteingesessene Georgetowner bevorzugen, im feinen 1789 zu speisen (falls sie rechtzeitig reserviert haben). Im Übrigen sind in Georgetown die besten Eisdielen angesiedelt: Thomas Sweet, Ben & Jerry's sowie Häagen-Dazs. Im Sommer kann man den Abend auf der weitläufigen Terrasse des Sequoia mit bezauberndem Blick auf das glitzernde Wasser des Potomac ausklingen lassen. Dass hier nur alte Leute ausgehen, wie böse Zungen behaupten, müssen wir natürlich zurückweisen, schließlich waren wir hier selbst oft genug unterwegs. Ebenso wie viele Studenten der Georgetown University, die sich nicht selten mit gefälschten Studentenausweisen Zugang zu den Lokalitäten verschaffen.

Denn das Nachtleben eines Teenagers in den Vereinigten Staaten ist hart. Der Ausschank von Alkohol an Jugendliche unter einundzwanzig ist in den USA grundsätzlich verboten. Selbst in den eigenen vier Wänden darf man den eigenen Kindern kein Glas Bier einschenken, bevor sie einundzwanzig sind. Das ist eine strafbare Handlung. Kein halbes Glas Wein zur Konfirmation, kein Glas Sekt zum achtzehnten Geburtstag. Die Einhaltung dieser Regel wird streng überwacht. Türsteher sehen sich die Führerscheine der Gäste an. Schülerausweise werden vielerorts auch akzeptiert – und man glaubt gar nicht, wie viele Schüler und Studenten Freitagabend ganz plötzlich ein paar Jahre älter werden. Im Distrikt ist es offensichtlich nicht besonders schwierig, an gefälschte Schülerausweise heranzukommen. Übrigens: Graue Haare schützen nicht vor Ausweispflicht. Der Gerechtigkeit halber muss in vielen Institutionen jeder sein Alter nachweisen. In den meisten Bundesstaaten dürfen Jugendliche Discos oder Restaurants, in denen Alkohol ausgeschenkt wird, ohne erwachsene Begleitung gar nicht betreten. D. C. ist etwas liberaler: Jugendliche dürfen sich in Musikclubs und Gaststätten aufhalten, Musik hören und Cola trinken. Nach der Ausweiskontrolle werden verschiedenfarbige Armbändchen vergeben. Zum Beispiel rot für Unter-einundzwanzig-Jährige, grün für die Älteren. So weiß die Bedienung auf den ersten Blick, wem sie Alkohol servieren darf und wem nicht. Auch in Washington gibt es einige Lokale, die möglichem Ärger von vornherein aus dem Weg gehen wollen und deshalb Jugendlichen ab einer bestimmten Uhrzeit gar keinen Einlass mehr gewähren. Wir wissen noch genau, wie frustriert unsere jungen Besucher aus Deutschland manchmal waren, wenn sie nach Washington kamen. Selbst in einer Pizzeria in Georgetown wurden sie abends nicht bedient, weil dort auch Alkohol ausgeschenkt wird. Obwohl sie selbst nur Softdrinks bestellen wollten, mussten sie das Lokal verlassen.

Auch Erwachsene sollten nicht auf die Idee kommen, sich mit einer Flasche Bier auf eine Parkbank zu setzen oder sich mal eben eine Flasche Wein als Mitbringsel für die Gastgeber eines Abendessens unter den Arm zu klemmen. Alkohol muss in der Öffentlichkeit immer verpackt sein. Deshalb die braunen Tüten, mit denen die Verkäufer im *liquor store* ihre Ware schmücken. Rauchen ist in Washington sowieso fast überall verboten, und zwar nicht nur in Restaurants, sondern auch in Kneipen, die kein Essen servieren. Es gibt vielleicht ein Dutzend Bars, die eine Ausnahmegenehmigung erwirkt haben. Und demnächst dürfen sich die Raucher vielleicht nicht mal mehr vor die Tür stellen, um ihrem Laster zu frönen. Tatsächlich gibt es den Vorschlag, das Rauchen auf öffentlichen Bürgersteigen in der Nähe von Geschäften oder Wohnhäusern auch zu verbieten.

Jugendliche, die es wegen unnachgiebiger Eltern oder Türsteher nicht in die Clubs schaffen, nutzen auf dem Land gerne das Auto als fahrende Disco. Mit sechzehn haben viele ihren Führerschein. In der Stadt sind Einkaufscenter und Kinos die Anlaufpunkte an Wochenend-Abenden. Shoppen gehen und Filme anschauen gehören zu den beliebtesten Hobbys. Mama oder Papa setzen den jugendlichen Nachwuchs am Eingang einer Mall ab und sammeln ihn drei, vier Stunden später ebendort wieder ein. Den Abend verbringen sie in der Gewissheit, dass in so einer Shoppingmall nicht allzu viel schieflaufen kann. Zu verhindern sind nicht nur Alkohol und Drogenkonsum, sondern auch eine zu enge Annäherung der Geschlechter. So manche Mutter ist tatsächlich froh, dass es Facebook gibt, aus Gründen, die uns vorher noch gar nicht in den Sinn kamen: Facebook ermöglicht Kontakte und Wochenendbeschäftigungen, ohne dass Eltern die Kinder hinaus in die Dunkelheit entlassen müssen. Auch um zu große körperliche Nähe muss man sich keine Sorgen machen, wenn sich die Begegnungen online abspielen. Sex gilt als mindestens so gefährlich wie Drogen. Unsere Tochter war entsetzt, dass auf einer Schulparty ein Lehrer über die Tanzfläche ging, um die Schülerinnen und Schüler zu ermahnen, nicht zu eng zu tanzen. Natürlich kommt es trotzdem zu Beziehungen. Allerdings gelten hier etwas andere Regeln als in Deutschland.

Das System nennt sich *dating*. Das fängt beim Bezahlen an. Landet man gemeinsam in einem Restaurant, einer

Bar oder im Kino, begleicht häufig der männliche Partner die Rechnung, jedenfalls sofern die Einladung eindeutig von ihm ausging. Dadurch allerdings wird er sich ermutigt sehen, eine Annäherung zumindest versuchen zu dürfen. Mädchen raten sich oft gegenseitig, lieber die Rechnung zu teilen, wenn sie von vornherein Zweideutigkeiten ausschließen wollen. Grundsätzlich ist *dating* unverbindlicher als eine »feste« Beziehung, aber nicht so unerotisch wie das Verhältnis zweier guter Freunde aus Kindertagen.

Ein entscheidender Moment ist die Verabschiedung. Kommt es zum Kuss oder nicht? Ein Kuss bedeutet freilich nicht notwendigerweise, dass man sich wiedersehen und die Beziehung vertiefen wird. In Europa ist ein Kuss oft das Signal dafür, dass man sich jemandem grundsätzlich zuwendet. In Amerika dagegen hält man es mehr mit einer Textzeile des Songs »As time goes by« aus dem Film »Casablanca«: »A kiss is just a kiss«.

Was man »erreicht« hat, wird bis heute in der Terminologie des Baseballs weitergegeben: In dieser Sportart gibt es vier Markierungen auf dem Spielfeld, *base* genannt. Es gilt, möglichst von einer zur nächsten und dann immer weiter zu kommen. Genau so funktioniert in der Vorstellung pubertierender Schüler auch ein Date: *First base* bezeichnet den oberen Teil des Körpers, bedeutet also küssen. *Second base* geht etwas tiefer, bedeutet den Busen streicheln. *Third base* geht noch tiefer, nämlich in die Hose. Danach kommt nur noch der *home run*, der Geschlechtsverkehr. Im College scheint das klassische *dating* heutzutage allerdings ersetzt zu werden durch wesentlich direktere Umgangsformen. Tom Wolfe beschreibt in seinem 2004 erschienenen Roman »Ich bin Charlotte Simmons« das zeitgenössische Universitätsleben. Das Buch beruht auf ausführlichen Recherchen des Autors an einer Uni in North Carolina. Was er herausfand, trifft sicherlich auch auf andere Universitäten zu. Wolfe fand das Gegenteil von Prüderie vor: Sex scheint für viele Achtzehn- bis Zweiundzwanzigjährige Dreh- und Angelpunkt des Alltags zu sein. Amerikanische Erstsemester sind in der Regel nicht älter als achtzehn, sie wohnen alle auf dem Campus. *Dating*, so stellte der Autor auf seinen Reisen durch die Hochschulen fest, wurde weitgehend abgelöst durch ein anderes System: *hooking up*. Darunter ist beiläufiger, unverbindlicher Sex zu verstehen. Darauf steuern die Beteiligten in so unverblümter Weise los, dass den angeblich so freizügigen Europäerinnen glatt die Spucke wegbleibt. Eine unserer Freundinnen, Mitte zwanzig, war fassungslos, als sie von einer Party in Washington nach Hause kam. »You wanna hook up?«, fragte sie ein Typ, kaum hatte sie ein paar Worte mit ihm gewechselt. Und das heißt nicht etwa: »Willst du dich bei mir einhaken?«, sondern meint ohne Umschweife: »Willst du mit mir ins Bett gehen?« Wollen Sie? Wenn nicht, dann machen Sie doch einen Spaziergang im Mondschein vorbei an den Denkmälern auf der Mall. Das ist wirklich bezaubernd!

Statt einer Danksagung

Die *Washington Post*

Medien in D. C., das heißt Korrespondenten aus aller Welt berichten in alle Welt. Für die Bewohner von D. C. heißt es im Alltag nur eins: die *Washington Post*. Kurz die *Post* genannt. Zu internationalem Ruhm gelangte die Tageszeitung mit der Aufdeckung der Watergate-Affäre durch die beiden Nachwuchsreporter Bob Woodward und Carl Bernstein, die für ihre Arbeit mit dem Pulitzerpreis ausgezeichnet wurden. Die konservative *Washington Times* hat es nie geschafft, ihr den Rang abzulaufen. Uns persönlich hat die *Post* zehn Jahre lang beim Frühstück Gesellschaft geleistet, wo wir uns nicht zuletzt in die *metro section* – das ist der Lokalteil – vertieft haben. Wir schätzen vor allem eins, und das gilt für viele amerikanische Kolleginnen und Kollegen: Sie schreiben meist offen und unideologisch, einfach frei von der Leber weg. Der Hilfsbedürftige muss in ihren Reportagen nicht der Anständige sein, der Böse darf seine guten Seiten zeigen. Die Annäherung an so schwierige Angelegenheiten wie die Integration von Minderheiten erfolgt oft direkt und unkompliziert: »Das heißt also, wir sind wie eine glückliche Tüte bunter M&Ms, oder?« Sie kreieren dabei so herrliche Wörter wie *Monicagate*, und wenn sie doch mal etwas nicht aussprechen wollen, dann ist es das *F-word*, *N-word* oder neuerdings das *G-word* für Gentrifizierung. Wir vermissen die *Post* zum Frühstück, wobei, das muss auch mal gesagt werden, selbst der Kaffee in einem dieser riesigen amerikanischen Becher nicht reicht, um die lebendigen, aber endlos langen Reportagen von Anfang bis Ende zu lesen. Wenn jetzt ein Erdbeben die Stadt erschüttert, sei es geologischer oder politischer Natur, klicken wir schnell auf www.washingtonpost.com. Die *Post* hilft uns, Verbindung zu unserer zweiten Heimat zu halten. Von ihr haben wir viel über D. C. gelernt. In ganz besonderer Weise von einem ihrer Mitarbeiter, Marc Fisher, heute *senior correspondent* und während des Mauerfalls Korrespondent in Bonn. Lieber Marc, danke für deine Erklärungen und Unterstützung! Die *Washington Post* gibt es bereits seit 1877. Zu ihren ersten Autoren gehörte der spätere US-Präsident Theodore Roosevelt, damals noch recht unbekannt. Jetzt kämpft sie um ihre Existenz wie viele andere Printmedien im Internet-Zeitalter. Wir hoffen, sie findet ihren Weg. Good luck, guys!

Bereits erschienen:
Gebrauchsanweisung für...

01/0004/08/R

01/0005/08/L

01/0006/08/R

PIPER

Adriano Sack
Gebrauchsanweisung für die USA

240 Seiten. Gebunden

Adriano Sack nimmt uns mit zu den Orten, an denen Sie gewesen sein sollten, um die USA zu begreifen. Er weiß, wo Tellerwäscher oder T-Shirt-Macher noch zu Millionären werden. Wieso Gott in den USA einen Rolls-Royce fährt. Wen 60 Prozent der Amerikaner in Wirklichkeit gern als Präsidentin sähen – und auf wen sie richtig stolz sind. Warum in dem Land, in dem Fast Food erfunden wurde, vor Biosupermärkten lange Schlangen stehen. Wie man drei Tage, drei Monate oder auch 30 Jahre in den USA überlebt – vom Einreiseformular über Restaurantquittungen bis zur Social-Security-Number. Worauf Sie beim Flirten in Santa Monica, beim Skifahren in Colorado und beim Whale Watching vor Cape Cod achten sollten. Und warum auch hinter einem künstlichen Busen ein echtes Herz schlagen kann. Ob Sie von Kriegsveteranen das Schießen lernen, in NY auf Wohnungssuche gehen oder einem Superstar in L. A. den Restauranttisch wegschnappen: Die USA sind ein Land des unbegrenzten Wahnsinns. Adriano Sack verrät, wie man es lieben lernt.

01/1715/02/L.